カリスマを目指してはいけません

はじめに

「6重苦」といわれる今の日本でも、驚くほどの成長を遂げている会社はあります。どんな時代でも、伸びるところは伸びる。何が違うのでしょう?

結論から言いましょう。

伸びている組織や会社には、必ず良いリーダーがいる。ブレない指針を示し、部下たちを高みへと引き上げる素晴らしいリーダーがいるのです。

本書は、一人でも部下や後輩を持つ人にぜひ読んでいただきたい、「ブレない上司《リーダー》」になるための指南書です。

私には尊敬する経営者が何人かいますが、その一人が「セントケア・ホールディング」会長の村上美晴《よしはる》さんです。もう私との付き合いは20年近くになります。

私は、村上さんの会社に勤めていたこともあり、今でもセントケア・ホールディングの非常勤の取締役をしています。私に経営の基本を教えてくれたのは村上さんだと言っても良いくらいです。

私が勤めていた頃は、もう、20年近く前になりますが、まだ「日本福祉サービス」と言っていました。その頃は、拠点数も少なく、売上高も十数億円でしたが、今では、約300億円近くの売上を持つまでに大きくなり、在宅介護の会社としては、日本でも有数の会社にまで成長しました。

同社が大きく伸びたことが、私が村上さんを尊敬している理由ではありません。彼の経営に対するブレない姿勢が素晴らしいのです。常に「お客様第一」を中心に据えて、そして、従業員や地域社会に対する気配りが、同社を結果として、大きく、強い会社にしているのです。

そして、その基本となる考え方を、会議や合宿、経営方針発表会など、ことあるごとに社員に伝える努力をし続けているのです。

強い会社には、ブレないリーダーが必ずいるのです。

セントケア（元の日本福祉サービス）も順風満帆だったわけではありません。もともとは、村上さんは土木設計の会社を経営していました。下請け仕事がほとんどで、仕事がきつい割には、部下には誇りを持って仕事をさせることはできず、収益もさほど上がりませんでした。

「部下たちに誇りを持てる仕事をどうしてもさせたい」

という強い気持ちが、全く畑違いの在宅介護事業へと村上さんを向かわせたのです。

最初の数年間は全く仕事がなかったそうです。土木の設計でお金を稼ぎながらも、地道に営業を続け、なんとか仕事を少しずつですが得られるようになりました。

黒字化したのは、介護事業を始めてから10年の月日が経ってからです。それまで辛抱し続けたのです。

その後、土木の設計部門は、介護のリフォーム部門へと転換し、今では、セントケアを支える一部門となっています。

村上さんの、「誇りを持てる仕事」、「社会に貢献できる仕事」への執念と、経営に対するブレない考え方が同社の基盤となっているといえるでしょう。

ん？

ここで、少しひっかかった人がいるかもしれませんね。

「ブレない？　業態替えに近いような英断や、リストラをするのが「ブレないリーダー」ってことなの？　そんなすごい決断、ただ声高《こわだか》に『これをやる！　誰が何と言おうと変えない』と言えばいいわけじゃないだろうし、どうすればいいのかな？」と。

もっともな疑問です。

この本では、まさにそこを掘り下げていきます。

まず、多くの方が勘違いしていることがあります。**「ブレない」というのは「頑《かたく》なに自分の考えを貫く」ことではない**ということです。

◆何を「ブレない」ようにすべきなのか

私は経営コンサルタントとして独立して以来17年、現在は約10社の顧問先を持ち、セミナー会員さんは約350名いらっしゃり、ほとんどが中堅中小企業の経営者や経営幹部です。大企業のリーダーもいらっしゃいます。仕事柄、顧問先さんや会員さん以外の、大企業から中小企業だけでなく、政治家や政府関係者などの多くの「リーダー」の方々とお会いしてきました。

多くの方々と仕事をしてきて、「良いリーダー」、つまり厳しい経済状況やライバルとの激しい争いの中で生き残り、支持される組織を引っ張るリーダーは「ブレない姿勢を持っている」と断言できます。

ただし、勘違いしないでください。

「ブレない」というと「何もかもを変えない」ことだととっさにイメージしてしまう人が多いようです。「前言撤回などしない」「朝令暮改などありえない」。そういう自信にあふれたカリスマ的なリーダー像です。

それは違います。

私のいう「ブレない」とは、リーダーとして〝軸〟がブレないということ。戦略や戦術は状況によって、大胆にフレキシブルに変えつつも、その土台となる「ビジョン」や「原理原則」といったものはとてもしっかりしていて確固たるものがあるのです。

あえてイメージするならば、毛筆の軸先のようなものです。何本もの柔らかな毛を束ねた筆は、書き手の筆圧によって太くも細くも書くことができます。柔らかい印象の文字や絵も、猛々《たけだけ》しい文字や絵も同じ筆で書けます。

しかし、そんなフレキシビリティを持ち得ているのは、柔らかな筆先を束ねている「軸先」。柔らかい毛を、柄の先端で固く束ねた軸先がしっかりとあるからです。良い筆ほど軸先がしっかりしていて、長年使っても崩れません。

毛先はしなやか、軸先はブレない。

だからこそ、硬い紙から軟らかい紙にまで対応でき、力強さから繊細な優しさまで表現できるわけです。

ブレないリーダーとは、良い毛筆のような「ブレないベース」と「柔軟に変化に対応できる能力」を併せ持った人なのです。

とくに今は、ＩＴの進展などに後押しされてビジネス環境はめまぐるしく変わるようになりました。環境に対応せず「頑なに変わらない」ことこそ、リスキーといえるでしょう。ダーウィンの進化論の例を出すまでもなく、環境の変化の中で生き残るのは大きな動物でも強い動物でもなく「変化に適応した」動物です。

筆先がしなやかに形を変えるように、環境にしたがって戦略、戦術だけでなく、場合によっては業態を変容させるほどの柔軟性と、それを決断する力が、良きリーダーには欠かせないのです。

だからといって、ただ時流に流されてはそれこそ「ブレている」だけ。

「小宮さん、結局、何は変えなきゃいけなくて、何は変えてはいけないのですか？」

と思いますよね？

この〝軸先〟をつくることこそ、本書で私が提言する「ブレないリーダーの作り方」です。では、「ブレないベース」とは何で、どうすればいいか。

一言で言い表せば、「次にあげる２つを満たすリーダーになること」です。

① ビジョン・理念を持つ
② 「ビジネスの原理原則」を正しく理解し、「信念」にまで高める

拍子抜けするほど、当たり前でしょう？ どちらか1つではダメで、セットでなくてはいけません。

①②とも、後にくわしく書きますが、①でいう「ビジョン」とは、組織が掲げた「存在意義」「目的」のことです。高い志をともなってリーダーからメンバーに示される組織の「目的」でもあります。

「理念」とは行動規範です。「公明正大」のように、どのようにやるかの基準です。

②の「ビジネスの原理原則」というのは、リーダーが経営判断をするうえで自然に拠《よ》り所としている価値観、世の中のルールのことです。

たとえば**「先義後利」**。

「まず世の中のためになる仕事をする。利益は後からついてくる」

という意味です。こういう「原理原則」を違えると、「利益ばかり求めていつしか反社

会的な存在になり、気が付いたら塀の中」ということになりかねないわけです。

原理原則を正しく理解し、ただの「お勉強」で終わらせず実践を重ねて「信念」と呼べるほどまで揺るぎないものにすることが、良きリーダーの〝軸先〟をつくることになるのです。

私が見てきた、時代に翻弄《ほんろう》されず、むしろ変化して対応し、しっかりと業績を伸ばし、時にイノベーティブな創造を実現してきた企業の経営者、組織のリーダーは、①②を満たしています。

言い換えれば、この2つがないリーダーは、生き残れないのです。

さらに言い換えれば、拠り所となる「①ビジョン・理念を持つ」ことと「②ビジネスの原理原則を正しく理解し、信念にまで高めている」ことが土台としてできていれば、どんな時代も生き残れる戦略や事業の創造力といった樹は自然と育ち、成長の実をつけてくれる。その実がお客様に支持され、売上や利益につながるということです。

◆「横から目線」はダメ上司

リーダー不在――。

いま、日本の多くの組織で、そんな言葉がつぶやかれます。政治であれ、ビジネスであれ、スポーツであれ、そうかもしれません。

もしかすると、良きリーダーの不在が、あらゆる場面で、日本の「失われた20年」の元凶になっているのかもしれません。

けれど、こうも考えられませんか？

「ビジョン・理念を持ち」、「ビジネスの原理原則を正しく理解し、信念にまで高めている」リーダーが、ビジネス分野で数多く現れれば、日本は失ってきた時間を取り戻せるかもしれない。

規模の大小にかかわらず、優れた組織、チーム、企業が立ち上がり、沈みがちな日本を復活させてくれるのではないでしょうか。

私は、そう願って、この本を書きました。

すでに掲げた「①ビジョン・理念を持つ」ことと「②原理原則を正しく理解し、信念にまで高める」こと。これがいかに大切かを伝え、また日々のあなたのビジネスの中にどう落とし込んでいくかを中心に、優れた組織を引っ張るリーダーになるための考え方、行動の仕方、実践の仕方を伝えていきます。

加えて、良きリーダーになるためには、組織、チームづくりに関しても、ビジョン・理念と原理原則の下地の上に、心得ておく必要があります。

例えば、社内で、こんなケースに出くわしたら、リーダーであるあなたは、どうしますか？

取引先のA社にこれから出かけようとしたとき、部下の女性があなたに言いました。
「あ、A社に行くなら、ちょうど良かった。この段ボールもって行ってもらえると助かるんだけど…」

あなたは「ああ、いいよ」とフランクに了解しますか？　余計なコストをかけずに配送ができますからね。

しかしそんな選択をすれば、あなたは残念ながら、良きリーダーにはなれません。

くわしくは後の章でも書きますが、それは組織をダメにする、残念な上司です。

巷《ちまた》では、

「上から目線は一発で嫌われるから〝横から目線〟の上司がいい」

「今の若者は叱られることに慣れていない。ほめて伸ばすべし」

という話を聞きます。ほめることはもちろん大事ですが、部下と上司は職制上、同じ目線、横並びになったら機能しません。

組織を「和気あいあい」にしようと気を遣《つか》うリーダーも多いようですが、あれも大間違い。これもくわしくは本文で述べますが、

「和気あいあいでがんばろう！」

といってチームをつくると、

「互いの顔色ばかり見る内向きの組織」

「最も力のない人間にペースをあわせた成長しないチーム」

が見事にできあがるのです。

和気あいあいを望むリーダーには、自分が取り残されたくないという気持ちがあることが多いのです。

例えば、ミスやクレームが発生したときでも、

「これを社内に伝えると、彼が叱られて恥をかき、空気が悪くなる」

「新しくルールを作らなきゃいけなくなって、うっとうしい」

などと考えてしまう。お客様のほうではなく、社内の空気を見てしまい、企業としてやるべきことを後回しにするきらいがあるからです。内向きな家族的企業のほうがコンプライアンス（法令遵守）が甘い場合が多いこともこれに関連しているといえるでしょう。

というと……「カリスマ性のあるリーダーがぐいぐいとチームを引っ張るのがベストだな！」と思う方もいるかもしれません。

惜しい。それも少し違うのです。

確かに人を惹《ひ》きつけるカリスマ性は、リーダーにとってすばらしい武器になる。しかし、強い組織、良き会社を考えると、そんな**カリスマ性の高いリーダーは、〝2番めに良いリーダー〟。1番じゃないのですね。**

その理由と、1番めにいいリーダーは何か？

それも、また本文でじっくり述べましょう。

いずれにしても、本書が伝えたいのは、厳しい時代を生き残り、成長するためのブレない上司《リーダー》になるためのセオリーです。

企業のトップの方だけでなく、部や課、あるいはチームを持つすべての人が参考にしていただければ幸いです。

本書を読み終えた、リーダーの方々が、それぞれのビジョンを具現化させることで、日本を再び活力ある国に導いてくれる。そうなることが、私の期待であり、希望であり、本書の存在意義でもあるのです。

小宮一慶

ブレない上司《リーダー》になる　たった1つの習慣——目次

4章　「人情の機微」が分かる人になる　143

カバーソデ部分の該当項目
①76ページ
②30ページ
③96ページ
④137ページ
⑤178ページ
⑥60ページ

編集協力　カデナクリエイト　箱田高樹

1章　「ブレないビジョン・理念」を示す

考え方のダメなリーダーは組織を崩壊させる

ビジョン・理念なきリーダー、あるいは間違った考え方を持つリーダーは組織をダメにします。

私が、規模の大小を問わず、組織を率いるリーダーに「何よりもまずビジョン・理念を持つべきだ」と伝える理由はそこにあります。ビジョンの有無や良し悪しが、組織のメンバーや家族を不幸にすることに直結するからです。ピーター・ドラッカーが「あらゆる組織が、人を結集させることのできる単純明快な目的を必要とする。組織の使命は、明確にして包括的でなければならない。共通のビジョンが周知徹底され、常時確認されなければならない」（『P．F．ドラッカー経営論集』）と言っています。

これを説明するために、「経営」の仕事とは何か、から紐解《ひもと》きましょう。これは社長だけでなく、部門の経営でも同じです。

私は、経営の本質は、大きく3つあると考えています。

「組織の方向付け」「資源の最適配分」「人を動かす」

経営コンサルタントである私の仕事は、経営者の方々のこの3つの仕事のお手伝いをすることです。

3つの中でも「組織の方向付け」こそが、最も大事で重要な仕事であると考えています。ところが、リーダーがよく勘違いするのが、経営と管理を混同することです。

「管理」とは、例えば社員のパフォーマンスを高めるためにルールや仕組み、評価制度をつくることです。それは確かに経営の一部ではありますが、経営の本質ではありません。管理とは、組織が進むべき方向に従って、パフォーマンスを高めるための「方法論」でしかないからです。あくまでも正しい方向に向いていることが大前提です。

登山隊を思い浮かべてください。「装備を備え、命綱をつけて、足並みを揃えて、体調を万全にしよう！」と登山隊全員の行動を厳しく管理すれば、安全かつ確実に山頂に辿り着く確率は上がるでしょう。しかし、例え管理が万全でも、目指すべき山頂の〝方向〟を間違え、遭難確実な断崖絶壁に向かっていたら？

管理が行き届いた優秀な構成員による登山チームも、トップの方向付け、ビジョンが誤っていれば、より早く確実にガケから落ちる。それは会社も、スポーツチームも同じです。

組織を殺さず、生かすための最初の大きな一歩が「ビジョン」なのです。

ビジョンは「目的」……「目的」と「目標」は違う

ビジョンを誤るリーダーが、最も陥りやすいパターンがあります。

組織の「目標」を、ビジョンと勘違いすることです。

というのも、ビジョンとは「はじめに」で述べた通り、組織が最終的に行き着くところです。存在意義といってもよいでしょう。それは「目標」ではなく「目的」でなくてはいけません。

「目的」と「目標」って、どう違うの？

と両者を混同される方がよくいらっしゃるので、ここではっきりさせましょう。

「目的」とは、実現しようとしてめざす方向性のこと。私は**「究極的に行き着くところ、あるいは、あるべき姿、存在意義」**と定義しています。

したがって、目的にはゴールがありません。どこまで行っても追い求める方向性そのものが目的です。

一方の「目標」は、その目的に向かっていくための通過ポイントです。

サッカーのチームを例に見てみましょう。

「地域の誇りとなるサッカーチームをつくる！」

これが目的です。具体的な指標はなくとも、方向性が示されていますね。

いっぽう、

「毎年リーグ優勝を果たして、3年以内にはアジア・チャンピオンズリーグでも優勝する」

これが目標です。目的では抽象的だった方向性が、「優勝を果たす」「3年以内に」という言葉で測定可能（メジャラブルといいます）になっている。言い換えれば、目的に近づくための具体的な戦略や通過点が立てられています。


私たちの人生に当てはめてみましょう。

「家族みんなを幸せにする」

もちろん、これは目的ですね。では目標は何か。

「毎年1回、家族で海外旅行にいく」

「5年以内に、都内に家を建てる」

これらは目的（家族の幸せ）を実現するための通過点＝目標になるというわけです。

繰り返しになりますが、組織のリーダーの仕事の第一は「ビジョン（＝目的）」を掲げて、組織のあるべき姿や方向性を示すことです。

ところが、残念なリーダーは、ビジョン＝目的に、「目標」を掲げがちです。

「毎年リーグ優勝を果たす！」

これをビジョンとして掲げたチームは、ただ強さのみを求める運営や試合運びをしがちになります。ただ強いだけのチームがファンに愛されるとは限らないのは、皆さんご存知でしょう。

「毎年、家族で海外旅行に！」

これを目的として掲げて実践しても、場合によっては経済的には他のことを犠牲にしてでも海外旅行に固執することになるかもしれません。それは幸せでしょうか？

「立派な家を建てる！」ことを目的として突き進むため、家庭を顧みず仕事に精を出す。結果、家は建ったが家庭は崩壊した…というのは、幸せでしょうか？

つまり、**ビジョンは「目的」であり、具体的な「目標」は、ビジョン＝目的より下位の概念なのです。**

話を会社や組織のマネジメントに戻します。

「業界トップの売上を出そう！」「シェアナンバーワンになろう！」こうした文言は、「ビジョンとは言えない」のです。

単なる「目標」であり「目的」ではない。このことが分かっていないと、組織はおかしな方向に進みはじめます。その結果、利益や数字をモラルや法令より優先にしたり、お客様への貢献や従業員の幸せを軽視してでも数字を追いかけるなど、本末転倒な事態を生み、事件や問題を起こして世間を騒がせるわけです。

もちろん、「目標」としての利益やお金儲けを否定しているわけではありません。お客様のために良い仕事をした結果、対価として利益を得るのは当然のことです。売上高や利益は良い仕事をした結果や評価なのです。また「利益を上げること」で、さらなる商品やサービスを拡充するのは、目的となりうる「お客様への幸せの提供」「社会貢献」などの推進力になりうるからです。

組織を継続的に発展させるには、目的を常に最上位の考え方として持ち、その評価としての目標達成を目指すことが大切です。ビジョンが先で、利益は次の「目標」なのです。

頭の良いあの人気者が失敗した理由

誤った考え方で組織をダメにした典型例は、ホリエモンこと堀江貴文氏でしょう。彼は当初、日本のITベンチャーを引っ張る「ライブドア」という会社をスピーディに巨大化させていきました。ところが、彼が抱いたビジョンは「世界一の営業利益をあげること」「株主に利益を還元すること」といったこと。もちろん、これは「目標」としては間違ってはいませんが、これが「目的」化すると、組織を誤った方向に導いてしまいます。ひらたくいえば「儲《もう》けよう」が目的になっていたのです。その方向付けによって、ライブドアの社員一人ひとりが走っていました。

例えば日々の仕事で決断を迫られるとき。AかBか、白か黒か、イエスかノーかを判断するとき、基準となるのがビジョンや基本的な行動指針である理念です。

ライブドアの場合は常に「儲かるからAを選ぶ」「儲からないからBを捨てる」。トップが「儲けよう」をビジョンに掲げた以上、儲かる選択と行動をとった人間が評価される制度が採用され、儲けられる人材が評価され、儲けられる施策を打ち出した人間が組織の中で昇進する。**「儲ける」というビジョンのもとにすべての足並みが揃っていくわけです。**最初はうまくいきましたが、続かなかったのは、皆さんご承知のとおりです。

ホリエモンとライブドアがたどり着いたのは、頂上ではありませんでした。そう。塀の中です。いまや彼は国民の負担（血税）で生活しているのです。

堀江氏というカリスマ的なリーダーが掲げた「儲ける」というビジョンのために粉飾決算まで行った。法律やモラルより堀江氏のビジョンが優先された結果です。

堀江氏は頭脳も明晰で、エネルギッシュな行動力もあって、人を惹《ひ》きつける奔放さも持っていました。ところが基本的な考え方が間違っており、致命的なビジョンを掲げて誰よりも速く突っ走ってしまった。

もっとも悲惨だったのはライブドアの社員でしょう。過去そこに勤めていたことで、「あなたも加担してたの？　犯罪経験あるの？」と疑われる人生を歩まざるをえなくなったかもしれません。履歴書に極めて書きづらい過去を背負わされたのです。そのことを書かなければ書かないで、詐欺と言われかねません。

リーダーの考え方や、それを具現化したビジョンや理念には、それくらいの責任がある。まずそれを肝に銘じておくのがリーダーの心得その１ならぬ「そのゼロ」です。

考え方は「マイナス100点」まである

「能力×熱意×考え方」

これは、京セラの創業者で、最近は日本航空（JAL）を見事に再建した名経営者・稲盛和夫さんが示した「人が成功するための公式」です。

稲盛さんは、この掛け算の中で、最も大事なのは「考え方」だと捉えられています。

「能力」には、いわゆる頭脳の明晰さや知力・体力などが含まれるでしょう。リーダーに関して言えば、世の中の流れを読み取る力や、経済を見極める力などもこれに当たるはずです。

「熱意」とは言うまでもなく意欲です。能力だけあっても、熱意がなければ、行動はできないし、周囲の人の心は動かせません。むしろ「賢さが鼻につく」ような人は、熱意が足りないからである可能性が高い。

いずれにしても、この2つ、「能力」と「熱意」は0点から100点まであり、その積で成功への確率は上がります。

ところが、最後の「考え方」は、0から100点ではありません。稲盛さんは「マイナス100点からプラス100点まである」と言います。

「能力」「熱意」が100点でも、間違った「考え方」だと、マイナスが莫大なものになるのです。

リーダーが、誤った考え方を持って、それをビジョンや理念として掲げているとしたらどうなるでしょうか？

優れた頭脳と人を惹きつける人間的魅力も持ち、たぎるような熱意を持っているのに、考え方が「とにかく金儲けを！」では、すべてが台なしになる。リーダーだけならまだしも、組織の構成員だけではなく、その家族の未来までをも台なしにしてしまうほどの負の力を持つ、というわけです。

成功するリーダーは稲盛さんのように、正しい考え方をとても大切にするのです。松下幸之助さんも同様です。これは経営者のみならず、すべてのリーダー、すべての職業人にも当てはまることなのです。

ビジョンに掲げるべきは「高い志」

リーダーであるあなたの考え方、そしてそれを言葉に表したビジョンや理念が「マイナス」だと、すべてがうまくいかないと書きました。

反対に、優れた考え方を持ったリーダーが率いる組織は、成長も成功も天井知らずにぐんぐんと伸びていく可能性が高いのです。

言い換えれば、組織がどこまで大きくなれるか、高みに登れるかは、リーダーの考え方や志の高さで決まります。

なんだか道徳めいた話に聞こえるかもしれませんが、極めてシンプルな話です。

「早起き」を思い返してみてください。

「は？」

と戸惑われるかもしれませんが、寝ぼけているわけではありません。

仕事が億劫で、できれば職場に行きたくない。そんなネガティブな思いのとき、朝はつらいものですよね。目覚まし時計が鳴っても布団から出たくない。グズグズしているから、よっこらしょと起き上がってからも気持ちは乗らず、後ろ向き。

心身がそんな状態では、ビジネスにおいても当然、良いパフォーマンスをあげられるはずがありません。

ところが、そんな人でも、趣味がゴルフで「うまくなりたい！」という強い思いを持っていたら、目覚ましが鳴る前から飛び起き、出かける準備をして、心身ともに素早く起動した状態になるでしょう。

「好きこそものの上手なれ」という言葉がありますが、

「自分はこうなりたい」

「こうしたい」

という強烈な「思い」があれば、人の行動は促されるのです。

強烈な目的意識（ビジョン）は、具体的な目標を掲げやすくし、達成しやすくする。

高い志に基づくビジョンがあるか否かで、日々の行動や一つひとつの選択は180度変わってきます。人のポテンシャルを引き出すも引き出さないも、それに左右されるというわけです。

志がやる気を引き出す

「志は気の帥《すい》」

これは、まだ私が30代前半だった頃、「イエローハット」の創業者の鍵山秀三郎さんから教えてもらった言葉です。

電車での移動中でしたが、隣に座った私は、鍵山さんに、

「なぜ、いつもそんなに前向きなんですか？」

と質問させてもらいました。彼が私のノートに書いて下さったのが、「志は気の帥」という言葉。

そしてこう続けていただきました。

「朝起きられないとか、やる気が出ないのは『志』がないから。自分はこうなりたい、こういうことをしないといけない、こういうことをして人に喜んでもらうんだとか、自分の

そもそもの存在意義が何なのか、分からないうちはだめです。それが分かったら、じゃあ、朝起きて、これやってみようと当たり前のように思えるようになりますよ」

先に稲盛和夫さんの成功の公式――

「能力×熱意×考え方」

を紹介しましたが、高い志を持つ「考え方」があれば、「熱意」が生まれます。そして、その熱意は人の努力を促す原動力となり「能力」を向上させます。

「いかに高い志やビジョンを掲げられるか」が、人に力を発揮させる根源にあるというわけです。

危機時に表れるビジョンの確かさ

高い志をはらんだビジョンを持ち、それを共有することが、いかに組織を強くするのか。「ジョンソン・エンド・ジョンソン」の例が参考になります。

一昨年（2011年）創業125周年を迎えた、現在全米第2位を誇る医薬品メーカー。と同時に、50年以上にわたって10％以上成長という永続的な成長で知られた超優良企業です。同社は今から30年ほど前に、恐ろしい事件に巻き込まれています。

ジョンソン・エンド・ジョンソンで最も売れていた商品の1つに「タイレノール」という頭痛薬があるのですが、1982年、イリノイ州シカゴで同品のカプセル型製品に毒物が混入される、という事件が起こったのです。

犯人は、まず同品を一旦ドラッグストアで購入して、カプセルを開けて、そこにシアン化合物という毒物を入れました。それをまたパッケージし直し、ドラッグストアの棚に分からないように戻しました。知らずにタイレノールを購入した人々が、次々に7人も亡くなるという痛ましい事件でした。

ジョンソン・エンド・ジョンソン社は素早く対応しました。カプセル型製品のみならず、タブレットを含めた全てのタイレノールを一旦店頭から引き揚げたのです。

少し間を置いて、模倣犯が現れました。

コロラド州のデンバーで、ジョンソン・エンド・ジョンソンのライバル社「ブリストル・マイヤーズ」の「エキセドリン」という頭痛薬に毒物が混入されたのです。ブリストル・マイヤーズ社も対応は素早く、エキセドリンを店頭から自主回収しました。

結局、両社とも簡単に異物を混入できるカプセル型の商品をやめて、毒を入れにくいタブレット型の製品に改良。なおかつ、一度あけたらすぐ分かるような新しいパッケージに変更しました。「毒物を入れられるような事件が起きないように」リスクヘッジした商品をマーケットに再投入した、というわけです。

ところが、同じような対策をした2つの会社には、その後、大きな差がつきます。

ジョンソン・エンド・ジョンソンはタイレノールを含めて売上が上がったのに対し、ブ

我が信条

我々の第一の責任は、我々の製品およびサービスを使用してくれる医師、看護師、患者、そして母親、父親をはじめとする、すべての顧客に対するものであると確信する。

顧客一人一人のニーズに応えるにあたり、我々の行なうすべての活動は質的に高い水準のものでなければならない。

適正な価格を維持するため、我々は常に製品原価を引き下げる努力をしなければならない。

顧客からの注文には、迅速、かつ正確に応えなければならない。

我々の取引先には、適正な利益をあげる機会を提供しなければならない。

我々の第二の責任は全社員――世界中で共に働く男性も女性も――に対するものである。

社員一人一人は個人として尊重され、その尊厳と価値が認められなければならない。

社員は安心して仕事に従事できなければならない。

待遇は公正かつ適切でなければならず、働く環境は清潔で、整理整頓され、かつ安全でなければならない。

社員が家族に対する責任を十分果たすことができるよう、配慮しなければならない。

社員の提案、苦情が自由にできる環境でなければならない。

能力ある人々には、雇用、能力開発および昇進の機会が平等に与えられなければならない。

我々は有能な管理者を任命しなければならない。

そして、その行動は公正、かつ道義にかなったものでなければならない。


我々の第三の責任は、我々が生活し、働いている地域社会、
更には全世界の共同社会に対するものである。

我々は良き市民として、有益な社会事業および福祉に貢献し、適切な租税を負担しなければならない。

我々は社会の発展、健康の増進、教育の改善に寄与する活動に参画しなければならない。

我々が使用する施設を常に良好な状態に保ち、環境と資源の保護に努めなければならない。


我々の第四の、そして最後の責任は、会社の株主に対するものである。

事業は健全な利益を生まなければならない。

我々は新しい考えを試みなければならない。

研究開発は継続され、革新的な企画は開発され、失敗は償わなければならない。

新しい設備を購入し、新しい施設を整備し、新しい製品を市場に導入しなければならない。

逆境の時に備えて蓄積を行なわなければならない。

これらすべての原則が実行されてはじめて、株主は正当な報酬を享受することができるものと確信する。

ジョンソン・エンド・ジョンソン

リストル・マイヤーズは、エキセドリンを筆頭に売上を大幅に下げたのです。

どこに差があったのでしょうか？

正解は「範囲」です。

カプセル型の頭痛薬に毒物を入れられ、それを即座に回収して、改良した商品を再投入したのは両社同じ。しかし、ブリストル・マイヤーズが自主回収した範囲は、毒物を入れられた店舗があったコロラド州のドラッグストアのみでした。

ジョンソン・エンド・ジョンソンは違います。米国全土に出回っていた3100万個もの「最も売れ筋の商品」を回収したのです。

損害は約1億ドルに及びました。

お客様は敏感です。ジョンソン・エンド・ジョンソンがどんな会社で、自分たち消費者をどう見ているのか、一方のブリストル・マイヤーズは自分たちをどう見ているのか、その対応、対応の範囲を見て、敏感に感じ取った。「お客様に利益を与えたい」と考えているのか、「お客様から利益を得てやろう」と考えているのかを見極めたわけです。

なぜ、このような採算度外視の誠実な対応を素早くできたか。

それは、ジョンソン・エンド・ジョンソンが掲げている「我が信条」という、企業のビジョンに基づいた行動だというわけです。

そして、同社の存在意義は「自社の医薬品を通じて、病気で苦しむ人たちの苦痛を和らげる」ということ。

事件が起きたときに、経営幹部たちは、そんな信条を掲げている自社のクスリが、人を死に至らしめている事実に耐えられなくなった。自社のあるべき姿を忠実に守ろうとした結果、当たり前のように「すべてを回収する」という決断に至ったわけです。一時は業績を下げたものの、その真摯な姿勢がお客様からの支持を得たのです。

「とにかく儲けよう」が同社の信条なら、全米の店舗に回収指示はできなかったでしょう。

「業界トップ」「シェア・ナンバーワンを目指そう」ならば、なおのこと。

しかし、「お客様の苦痛を和らげる〜」という抽象的なようでいて、高い志を冠した分かりやすい（これが大事なところです）信条、目的、要するに「ビジョン」を持っていたことが、〝気の帥〟となり、すばらしい対応ができた。結果として、利益につながったといえるのではないでしょうか。

2千年も続く組織の秘密

ジョンソン・エンド・ジョンソンは、「お客様のために」という信条（＝ビジョン）を拠り所にして、的確な経営判断を繰り返し、売上を伸ばしてきました。

同社は2011年に創業125周年を迎えています。しかも、50年間連続して売上を伸ばしている。これは企業経営では極めて希《まれ》なことです。

製品と同様に、組織にも「ライフサイクル」があるからです。

感覚としても、約30年経つと、いくら伸びていた企業もその勢いを失っていく。もちろん、それは商品やサービスの寿命がそれくらいということもあるのでしょうが、もう1つ見逃しがちな要因があります。

カリスマ経営者がいる組織ほど、このライフサイクルの呪縛が当てはまるということです。

カリスマ的な経営者のトップダウン経営は、圧倒的なパワーを持ちます。リーダーが「組織がめざすべき指針」を逐一、指し示します。それに現場の誰しもが迷わずついていけば必ず成果があげられる。その成果と決定力と充実感に魅了され、さらにフォロワーが増えていき、「社長の言うことは間違いない」「リーダーの判断についていけば完璧だ」と、さらに力強いフォロワーが増えていきます。

ただし、それは裏を返せば、「自律性のないメンバー」が増えてしまうということです。自分の頭で考えなくなってしまうのです。

そのうえ、さすがのカリスマ経営者も寿命には勝てません。カリスマ的なリーダーが亡くなったり、会社を離れた途端に組織が弱くなり、競合他社に負けていく企業、組織は実に多いのです。みなさんも、「あそこだ」と思い浮かぶでしょう。

リーダーのカリスマ性で組織を動かす限界がここなのです。カリスマ的リーダーに頼れば、組織が強いのはリーダーが元気なときだけという限界が出てしまう。**自らの頭で考えない、今のような変化の激しい時代には致命的な人材だけが育ってしまう。**

ひるがえって、ビジョンという「組織の目的」を中心に動いている組織は、カリスマの寿命に左右されません。目の前に現れて、魅力的な言葉でメンバーを鼓舞、激励などしなくても、組織のめざすべき方向がしっかり浸透していれば人は動き、どんな場所だろうが、どんな時だろうが、軸をブレさせずに臨機応変に突き進めるからです。

このビジョンを中心にして、千年も2千年も続いている組織があります。ジョンソン・エンド・ジョンソンよりずっと強い組織ですね。

何か分かりますか？

そう。宗教団体です。

◆カリスマではなく「考え方」が組織を動かす

キリスト教、イスラム教、仏教……。もちろんそれぞれに宗派が分かれていきますが、そもそも開祖（カリスマ）が存在したにもかかわらず、多くの宗教はしっかりとメンバー（信者）の心に根付いて、数百年、数千年の時を超えて持続している。組織（宗教団体）としての活動を絶やさず続けている宗教は実に多いですよね？

それは考え方やビジョン（組織の目的）が経典などの形をとって、しっかりと浸透しているからです。キリストも釈迦も、確かに開祖（カリスマ）でしたが、彼らは自らのカリスマ性を誇示したのではなく、自ら信じる信仰をしっかりと伝えてきました。ビジョンという目的を求心力にしてきたからこそ、末永く続く組織が生まれたわけです。

だからカリスマが消えたあとも、しっかりと組織が残り、またブレない行動（信仰）を続けられているのです。

また、宗教が掲げるビジョンは、当然「志の高い」ものです。「皆でお金持ちになろう」といった教義では、多くの人はついてきません。


もう1つ、宗教組織を見て分かるのは「しんどい時にもビジョンが力を発揮する」ことです。「苦しい時の神頼み」という言葉があるように、人が難局を迎えたときに頼りにするのは、自らの力や周囲の協力もありますが、有利なのは精神的な拠り所がある人です。

「神様が見ていてくれる」

「教えによれば、これは越えられる試練だ」

などと自らを自然と鼓舞でき、教えの中から勇気を得られるからです。

お金や脅しでモチベートされた組織ではこれはムリ。苦しいとすぐに逃げ出してしまいます。仕事も信仰も同じですよね。

ビジョンは「つくる」ものではない！

「よし、それじゃあ私もリーダーとして、さっそく組織のビジョンを掲げよう！」

この本を読まれているようなやる気に満ちた方は、そう感じられていると思います。

水を差すようですが、ちょっと待って下さい。

「ビジョン」は、「じゃ、つくるか」などと気楽に立てられるものではありません。自分の内側からふつふつと湧き出てくるような、自分の、組織の存在意義を表現したものです。「これを守れなくなったら、もうそれは私じゃない、我々じゃない！」

というレベルのものです。信念です。だからこそ行動が伴うし、危機においてビジョンに基づいた活動ができるのです。一度掲げたらコロコロと変えるべきではないし、というより、変えたくても変えられない、それがビジョンです。

そこが目標や戦略との違いなのです。志ですから、時流に合わせた即席のものや、建前だけの美辞麗句を並べたものがいかに意味がないか、お分かりいただけると思います。

次章以降で詳しくお伝えしますが、リーダーにとってビジョンや考え方は何より大切ですが、それは「考えて終わり」ではありません。そのビジョンに伴った行動を「リーダーが背中で見せる」ことが大切なのです。

「率先垂範」という言葉がありますが、リーダー自らビジョンが示す道筋を率先して歩み、部下にその姿を見せていく。その背中を見て初めて、「よし。自分もついていこう」と感じてもらえるのです。「リーダーは本気だ」としっかり信じられるからこそ、従おうと思うのです。

考えてみれば、当たり前ですよね。

「お客様を何よりも大切にする」。そんなビジョンや理念を掲げた組織のリーダーが、社内で、「あの客、面倒だよな」などと言っていたら、部下はどう思うでしょう？

「自社の商品を通して地球環境を改善する」――そんな志を高らかに宣言しているトップが、普段からタバコや空き缶のポイ捨てをしていたら？

メンバーは、リーダーであるあなたがどんな志を掲げたかだけを見ているのではありません。

言葉より、「その志は、言動を伴うレベルのものか」を見抜くのです。

孔子は『論語』の中で、

「以前は人を見るとき、その人の言っていることを聞いて、立派な人かどうか判断していたが、誤りだった。今では、行動を見て判断している」

と言っています。

「言葉ではカッコイイことを言ってるけど、金儲けしか考えてないな…」

「飾り立てた言葉を使ってるけど、自分の出世しか考えてないな…」

部下はバカではありません。本音と建前は近くにいればいるほど、にじみ出て伝わるものでバレます。リーダー自身すら本気で信じていない教えを、部下にだけ「信じて進め！」と言ってもついてくるはずがありません。

◆志がないなら掲げないほうがいい

だからこそ掲げるビジョンは、本気で信念から生み出されなくてはいけません。

「カッコイイから」

「儲けるために」

「ライバルのA社も掲げているから」

そんな理由で適当に考えて、**守れないようなビジョンなら掲げないほうがマシ。**「言ってることとやってることが違うじゃないか！」とメンバーやお客様に覚《さと》られるだけです。

コロコロとビジョンが変わるのもいけません。戦略や戦術は臨機応変に変わるべきですが、その根っこにある組織のあるべき姿が変われば、「ブレる」といわれる。さらにいえば「結局、何も考えてないんだな」と周囲に見透かされ、見放されてしまうからです。

いずれにしても、激動の時代を乗り切り、また永続的な組織にするために掲げるはずのビジョンや理念なのに、むしろリーダーの稚拙《ちせつ》さという馬脚をあらわし、組織の賞味期限を早めてしまうのです。

「組織はリーダーの器以上には決して大きくならない」

よく使われる言葉ですが、つまりはこうしたリーダーのレベルを、組織のメンバーはよく見ているということです。

「高い志」の近くに身を置く

では借り物でもカッコつけでもなく、自分の内側にある高い志から出てきたビジョンを掲げるには、どうすればいいのでしょう。

簡単なのは「環境を変える」ことです。私たちは驚くほど環境に思考、行動を左右されています。

だから、**「高い志」を得たいならば、高い志を掲げて邁進できる環境に飛び込めばいい**のです。

具体的には**「つきあう人間を替える」**のが手っ取り早いでしょう。

朱に交われば赤くなります。日々、儲けや利益を「目的化」してしまっている人の近くにいると、自然に自分もそうなってしまう。

金儲けのためならなんでもする、その価値観が「当たり前」になる危険をはらんでいるのです。道徳めいた話ではなく、事実なんです。

例えば、最近、世間を賑わした「AIJ投資顧問」の年金資金の消失事件。多額の年金資産を集めながら、リスクの高い運用方法で失敗。それを隠し続けて、損失を続けて破綻してしまったという残念きわまりない事件、ありましたよね？

もうひとつ、老舗《しにせ》の光学機器メーカー「オリンパス」の事件もありました。十数年前から巨額の損失を隠し続けた挙句に、粉飾決算を繰り返して社長以下役員が逮捕。歴史あるブランドが他社に買われることになるという、悲惨な事件です。

実は、この2つの事件には共通の会社が関わっていることをご存知でしょうか？

同じ某大手証券会社の出身者が関わっているのです。

その証券会社は、古くから最大手の一角として認識され、かつ海外でもその名を知られています。グローバルな視点と冷静な分析、何よりその実績、ブランドで巧みに人の心をつかんだのでしょう。確かに力がある証券会社です。

ただし、根っこが腐っていた。

「儲かればいい」

「隠せばいい」

「ごまかせばいい」

根っこに低い志が、その証券会社には風土としてあるのでしょう。**目の前の利益だけを最も高いプライオリティにしているから、お客様や法律などをないがしろにして前進してしまう。**

この某大手証券会社出身者の間違った考え方がなければ、両社ともここまで反社会的な事件は起こさなかったと、私は考えています。


環境が人をつくるのだから、「間違った人間」とつきあってはいけません。

逆に、**高い志を掲げて切磋琢磨している人たちに出会ったら積極的につきあいを請い、言葉を交わし、互いに感化し合えるような関係をつくり上げるのです。**

先に『論語』を引用しましたが、論語にはさらに、

「その人の由《よ》って立つところ、つまり物事をするときの動機を見て判断するのが正しい」

と書かれています。

よく、「言葉より行動を見るべし」と言いますが、それだけでなく、行動の源泉となっている動機を見ろというのです。そういった点において、志やそれをさらに具現化したビ

ジョンや理念こそ、その人を最も表すということです。

一流のリーダーになりたいなら、つきあう人間を選ぶべきです。人を採用するときも同じです。

「何を心の拠《よ》り所にして動いているのか」

――よく目をこらして、心を開いて見つめながら、つきあう人や環境を取捨選択してください。

「儲けたいから」

「モテたいから」

なんて低いレベルの志を持つ人ではなく（いや、1つの目標ならOKですが…）、もっと上位の、社会や周りの人のために「こうありたい」「こうなりたい」という高い志を持っている人と感化し合い、切磋琢磨することが大切なのです。

信念は教えるのではなく「伝える」

「Don't think. Feel !!」（考えるな。感じるんだ！）

有名な映画『燃えよドラゴン』で、ブルース・リーが弟子に話すセリフです。
これはリーダーをめざす人にも強く意識して欲しい概念です。
組織の方向性、ビジョンは部下に「頭で理解させよう」としても伝わらないからです。

物事を深く理解し、強く納得がいくことを「腑《ふ》に落ちる」と言いますね。「腑」は「五臓六腑に染みわたる…」の腑。内臓のことです。
西洋人は「heart（ハート）」と言います。

いずれも「首より下」ですね。頭で分かったつもりになっている状態ではまだまだで、腑に落ちて初めて行動に移せるのです。

頭脳明晰なのに、人望がない人って、けっこういますよね？

それは、物事を頭で理解しようとして、「人はロジカルに合理的に動く」と考えているからです。

人は感情で動きます。好き嫌いで動きます。考えるのではなく感じて動くのです。

◆ビジョンを共有できない部下には退場を

裏を返せば、リーダーであるあなたが、

「事業を通して社会貢献をする」

「自分たちが販売する商品で世の中を良くする」

といった志を信念とし、それをビジョンとして伝えているのに、**部下の中に「儲かりさえすればいいじゃないですか」などと言う人間がいたら、徹底して排除する覚悟が必要です。**


もちろん、良い仕事をしているかどうかの評価は売上高や利益に表れますから、売上や利益はとても大切ですが、それさえあればよいというものではないのです。そのことが理解できない部下は排除すべきなのです。まずは採用すべきではないのです。

「伝わっていない人間」をあなたの組織の船に乗せるべきではないということです。一人ひとりのメンバーの力は推進力になりますが、**方向が揃っていなければ船は進まなくなります。**

「船に乗せてから伝えればいいじゃないか」と思われるかもしれませんが、人間、根本的な性格や考え方は変わりません。

思想が違う人には、説得できないことがあるのです。教えることもできません。信念とはそういうものなのです。

先に宗教団体が2千年も残るのは、「考え方」が共有されているからだと書きました。同時に、異教徒同士は、互いの教えを忠実に守った結果、宗教戦争となる場合も少なくありません。

そして、宗教戦争ほど悲惨なものはないのです。根本的な考え方の違いから生じるものですから、どうしても相いれないものがあるのです。

良い悪いではなく、人の組織の行動原理となる考え方や「ビジョン」というのは、それほどの力があるものなんです。

それほどのエネルギーとパワーをはらみ、芯の芯まで心の中に染み付いた信念だからこそ、正しい考え方を持ちビジョンを抱くリーダーや部下はブレない行動ができるといえるかもしれません。

優れたリーダーになりたければ、あなた自身が〝宗教家〟〝宣教師〟になるのです。

ちなみに、**最も優れた宣教師は、教義を教えるだけではありません。**

未開の地や、異教徒の中に入り込んで、一緒に話し、行動し、そして先頭に立って自ら信じる宗教の教えを実践してみせます。その行動に共感、共鳴した人を、新たな信徒としていくのです。

率先垂範がリーダーの基本。宗教をつくったら先頭に立つ者から、教義を守り、憲法をつくったら、つくった人間から憲法を守るべきなのです。

そして、**それを伝え、その姿を見て「ハートで感じてくれた」人、「腑に落ちた」人だけを同じ船に乗せるのです。そして、それを伝え続けるのです。**

その船は、迷わず進み、高い波にもブレることはありません。

「うまくいったときには窓の外を見、失敗したときには鏡を見る」

1章をまとめておきましょう。

リーダーの最も大切な役割は「志の高いビジョンを掲げること」である。

ビジョンとは「目標」ではなく「組織のあるべき姿、向かうべき存在目的」のことである。

ビジョンをメンバーに伝えるためには、自らが心の奥底からそのビジョンを信じ、率先垂範でビジョンに向かっている姿を見せ続けなければならない。

1章では、リーダーが持つべき正しい考え方や存在目的である「ビジョン」や行動規範である「理念」の重要性について書きました。

ビジョンや理念は組織にとっての中心となるものであり、本書のテーマである「ブレないリーダー」になるために最も重要なファクターといえます。

くれぐれも順番を間違えないでください。「目的」と「目標」の違いは理解していますね。

「お金を儲ける」を上位概念にして、「そのためにビジョンが必要」なのではありません。

高い志を宿した「ビジョン」を共有した組織はブレない経営ができ、かつ高い意識を共有して自律的に動けるメンバーが集うから、結果として「良い仕事ができる」。お客様の支持を集めて、その結果として「お金が得られる」というわけです。

こうして高収益という1つの分かりやすい結果が見えると、組織に自信がつくし、たとえばジョンソン・エンド・ジョンソンが、事件に巻き込まれた時に最も売れ筋だった商品を一斉に全米の店頭から回収したように、コストがかかるとしても、ビジョンに従った大英断ができる。

ビジョンに従った行動が、短期的な減収につながるとしても、迷わず正しい決断が素早くできるようになる。それがお客様の支持を集め、収益につながる……といった具合に、**「良いスパイラル」**が生まれるのです。

逆に**ダメなリーダーは、正しい考え方を持たず、ビジョンもなく、あったとしても信念にまで高まっていませんから、目の前に問題が現れたときの決断もブレまくります。**

信じるものがないから思い切った決断ができない。

そんな組織には人がついてこないし、何よりお客様に支持されません。するとまた焦って、余計じたばたしてブレる。貧すれば鈍する。悪いスパイラルにはまっていくのです。

◆リーダーが、窓の外を見るとき

ビジョンを持つリーダーは確かに「ブレない決断」ができますが、それは頑固に自説を全く変えないということではありません。強い信念を持つと同時に「素直さ」「謙虚さ」「柔軟さ」を併せ持っているのが一流のリーダーです。

ダメなリーダーは素直じゃないから、間違った考え方に固執し他人からの指摘を極端に嫌がります。**考え方が間違っている上に頑迷。これでは失敗に失敗を繰り返す、最もダメなリーダーといえるでしょう。**

正しい考え方やビジョンに基づいて判断を続けるのは、リーダーにとっても最も重要なことで、ビジョンに基づいて周囲のメンバーを揺るぎない覚悟で従わせるのも優れたリーダーの姿です。

ただし、その理念に基づいた決断をしたのに、部下やメンバーが失敗したときは、必ずリーダーであるあなたが責任をとる覚悟を持たなければなりません。

逆にうまくいったときは「ほらな、俺が偉いからだ」と自慢をするのではなく、周囲のメンバーや環境のおかげと感謝することです。

あなたがカリスマになるのが目的ではありません。あなたが目立つ必要がないくらい、ビジョンが組織の中心にあるのが、一流の組織・チームです。

『ビジョナリー・カンパニー』の第2弾、『ビジョナリー・カンパニー②』には、組織を飛躍的に向上させたリーダーを分析した結果として、こう書いてあります。

「うまくいったときは窓の外、すなわち自分以外に成功要因を求め、失敗したときは、鏡を見る、つまり、自らを省みる」

みなさんは、まさか反対のこと、していませんよね？

ビジョンと共に、リーダーはこの謙虚な姿勢を持つことが大切なのです。

2章　ビジョンを具体化するために「知恵を出す能力」を高める

「お客様を知るために経営学を学ぶ」は正しい？

景気や環境に左右されない強い組織になるためには、リーダーが正しい考え方をもち、「志の高いビジョン」を掲げて、メンバーにしっかりと伝え続けることが大事である――。

1章ではそのことをお伝えしました。

ビジョンの大切さを、お分かりいただけたと思います。

ただし、組織の存在目的であるビジョンや行動指針である理念が浸透したからといって、それだけでうまくいくほど、ビジネスは簡単なものではありません。

ビジョンの徹底は必須ですが、それは必要条件で、十分条件ではないからです。**お客様は、ビジョンや理念を買ってくれるわけではないからです。**

では、どうすればいいか？

まず、掲げたビジョンという「目的」は、より具体的な「目標」に落とし込まなければなりません。

ビジョンに基づいて、先述した経営に不可欠な3つの要素「組織の方向付け」をさらに具体化し、それに基づいて「資源の最適な配分」をし「人を動かして」いく必要があります。

お客様の支持を得なければ、いくらすばらしいビジョンを掲げても、意味がありません。当たり前のことですが「自社の商品で社会貢献をする！」といくらすばらしいビジョンを掲げていても、その商品を世の中の誰ひとりとして求めていなければ、「社会に貢献する」ことなんてできませんよね。

だから、揺るぎないビジョンを掲げた後、リーダーが真っ先にやるべきはコレです。

「お客様が欲しているものを見極める」

自分たちのビジョンに基づきながらも、現在提供している商品やサービスを通じて「お客様が欲しているもの」を提供するということです。リーダーが掲げたビジョンと、組織の内側から発せれるものと、市場のニーズやウォンツという、世の中が求めるものを重ね合わせ、それを商品やサービスに具体化していく必要があるわけです。

だって、お客様が欲しいのは、「あなたのビジョン」じゃありませんからね。


まず「ビジョン」。次にそれをブレイクダウンするために「世の中の流れ」を見極める。さらには、それを戦略、戦術レベルにまで落とし込み、商品化するプロセスを考え、実行に移す。

もちろん、消費不況や市場の成熟、嗜好《しこう》の多様化などで、市場の未来を予測するのは簡単ではない。ただそれをやり切らなければ、企業の発展はないのです。


ここでひとつ、気をつけなければならないことがあります。

経営の実務に近い話になると、多くのリーダーはこう捉えてしまいがちです。

「よし。経営学を勉強しよう！」

それは残念なリーダーが進むステップです。

経営だけではなく経済を学ぶ

「お客様のニーズを知る」
「世の中の流れを知る」
ビジョンを具体化していくために、リーダーが進むべき道です。

しかし、経営学だけを学んでも、いつまでたっても、お客様も世の中の流れも知ることはできません。正確にはそれだけでは「間違う可能性が高い」のです。

なぜか分かりますか？

経営学とは、「過去の分析」でしかないからです。

かつて優れた実績をあげた企業を分析して、その手法を探る。あるいは、失敗した企業の事業を分析して、その本質を学ぶこと。それが経営学の基本的なスタイルです。もちろん、それも大切です。

しかし、それだけでは全く不十分なのです。

なぜなら、経営はその時々の環境に大きく影響をうけるものです。さらには、未来に働きかけるものでもあるからです。

その時々の市場の動向や時代の流れ、政治状況や人口動態などに左右され、臨機応変に対応していく企業だけが生き残っていく。それが経営の現実です。

そして、今、ビジネス環境はものすごいスピードで変化しています。

たとえば、いま本屋さんに「トヨタ式経営」の本は、ほとんど見当たりませんね。

ほんの5～6年前には「経営」のコーナーには、

「トヨタに学ぶ～」
「トヨタ式で～」
「トヨタ流が～」

などと冠した本がズラリと並んでいました。

その頃、トヨタは自動車生産台数で世界1位となり、営業利益が2兆円を超え、カンバン方式や自前主義など、世界で磨かれた同社発の経営の仕組みが非常に注目を浴びていたからです。いまトヨタの業績は少し回復していますが、以前ほどの勢いはいまのところありません。

過去の成功要因を学ぶこと自体はとても意味があることですが、いくら過去の経営を学んでも、リーダーとして経営が成功するかは別の話です。

これからの時代の、未来の進むべき方向は「経営学」から学びとるのではありません。経済です。

経済学というよりも、いままさに動いている「生きた経済環境」や時代の流れを知るのです。

あなたの関心に世間は無関心

リーダーが「生きた経済」を学ぶために、最も簡単かつ必須の手法があります。新聞を丹念に読んで、きちんとニュースを読むことです。

「何だ、それならとっくにやってますよ。当然じゃないですか」。さすがですね。

「毎朝、出勤前に新聞に目を通すのが日課です」。素晴らしいですね。

「スマホで電車の中で、必要な記事はチェックしてますから」

スマホで新聞、ニュースを読むのは、大変に便利で効率的ですよね。

でも、皆さん、新聞の1面のトップ記事を毎日読んでいますか？　自分が関心のある記事だけを読んでいませんか？

もし、**自分が関心のある記事だけを読んでいるのだとすれば、それはリーダーがすべきインプット法ではありません。課長どまりの人の新聞の読み方です**（「私はそれで結構」というなら話は別です）。

スポーツニュースや社会面などしか読まない。それがお話にならないのは当然のことですが、「金融業だから金融ニュースしかチェックしない」「流通業だから流通に関する記事しか読まない」という専門バカになるのも危険です。興味ある記事に目を通しているだけだと狭い枠組みの中でしか世の中が読めないからです。それなら業界紙を読めば済む話です。業界紙ならもっと詳しく書いてあります。

しかし、リーダーは、組織のビジョンを具体化するために「お客様のニーズを知る」必要があります。そのためには「世の中の流れ」を知らなければならないのです。

ただ漫然と新聞を読むと、人は自分が興味のあることしか読まなくなります。世の中の流れや、お客様のニーズではなく、あなたの興味と、あなたのニーズしか拾えなくなる。それは決して世の中の流れではなく、個人的な興味でしかないのです。

そんなものをいくら続けても、知識はいくらか増えたとしても、組織のビジョンを具体化して、それを商品やサービスに落とし込むような「知恵」は積み上げられません。世の中の大きな流れをつかめないからです。

あなたが興味のあることが、他の人にとってはそれほど価値のないことだって大いにある。逆に他の人が興味のあることでも、あなたにとってまったく関心が持てないことだったくさんあるでしょう？

あなたは、ネイルアートの今年の流行に興味津々ですか？（おしゃれな女性はアリです）

今月スタートする深夜アニメの声優さんに注目していますか？（アニメ好きは当然です）

２０１３年２月から、東海道新幹線にＮ７００Ａという新型車両が走り始め、Ａというのが「advanced（進歩した）」という意味だということで、今からワクワクしていますか？

（私は新幹線オタクなので、ワクワクしています）

もちろん孫正義さんや稲盛和夫さんが「ＡＫＢ48に興味がある」と発言したり、オバマ大統領や習近平総書記が「いま、アイスランドに注目している」などと言ったら、それはそのまま「世の中の関心事」になります。

「あなたが何に関心を持っているか」に、世間は関心などないのです。

だから、「自分の関心」を「世の中の関心」に合わせる訓練をしなくてはいけません。

それを新聞を読むことで行うのです。

どうすればいいか？　とても簡単です。

新聞の1面のトップ記事を丁寧に読むのです。

◆「1面の記事」が世の中の興味

新聞の1面は、あまたある〝前日に起きたこと〟の中で、新聞社が最も重要だと思うニュースを掲載しています。トップ記事は、その中でも一番重要なニュースです。つまり、「世の中の関心が一番大きいだろう」ということを考えて、配置しているのです。

世の中の大勢の流れを知る最も簡単、かつ確実な方法というわけです。個人的には興味のない記事がトップのときもあるでしょう。直接的には今の仕事と関係のない事象も多くあるはずです。しかし、それこそ学ぶチャンスになるのです。

どうぞあなたの関心を、社会の関心事に合わせて下さい。それが成功の大きなカギです。

そもそも**自分中心に世の中を考える人が、良きリーダーや良き経営者になれるはずがありません。**裏返せば、**「社会の関心事を自らの組織や会社に引き寄せられる人」が良きリーダーの必要条件**というわけです。

「会社」という言葉を反対にすると「社会」になります。どんな大きな会社も、社会の大きな流れには逆らえないのです。

新聞を1面から読むだけでは失格

「新聞は1面から当然読んでるよ！」

申し訳ありません。そんな方には、前の項目は少々失礼な話だったかもしれません。

では、そんな素晴らしいリーダーに違いないあなたに、質問させてください。

「おとといの新聞の1面で出ていた記事で、覚えている数字はありますか？」

あれ、思い出せない？

では、質問をかえましょう。

「おとといの夕飯のおかずは何でしたか？」

おや、こちらも？


人間のすばらしい機能の1つに「忘れる」があります。辛い思いや悔しい気持ちを忘れられるから、また未来を生きられる。

しかし、新聞で世間の関心を知って、忘れてしまってばかりではいけません。実際にリーダーが、組織の方向舵《だ》としてそれを使いたいのなら、**読んで終わりではダメ。**新聞から得た「知識」を「知恵」に昇華させましょう。

そのために必要なのは**「メモすること」**です。

まずは1面から読みながら1面の記事に限らず、気になった記事や、数字を必ずメモしてください。1日ひとつでも構いません。気になった記事のキーワードを手帳などに必ずメモしておくのです。

「ECB（欧州中央銀行）が無制限にスペイン国債を購入」
「メガバンクの資産の約20％は日本国債」
などといった程度のキーワードでOKです。

いくつもある記事から選択して書き出すということは、あなたがそれらの言葉に関心があるということです。

メモをしたところで、それで終わり、ではまた忘れてしまいます。まずは知識をしっかりと自分のものにすることです。

そのためには、**メモをした内容を電車待ちの時間など、少し時間のあるときに見返してください。**それを繰り返すと、自然と頭の中に、重要な事柄や数字が入ってきます。そうなればしめたもので、関心の幅がどんどん広がり、関連づけて経済のことや社会のことが分かってくるようになります。

そこから少しステップアップしてみましょう。

キーワードは、

「なぜ」

「どうして」

「それで」

です。

「〝なぜ〟欧州中央銀行はスペイン国債を無制限に買い入れるのか」

「〝どうして〟銀行は大量に日本国債を保有しているのか」

加えて、

「〝それで〟、欧州や日本の財政はどうなっていくのか」

といった具合に、**メモから少しずつはみ出て、自らの頭で論理的思考を楽しむのです。**

こうして、

「新聞を1面から読み」

↓「気になる言葉を書き出し」

↓「なぜ？　どうして？　それで？　と思考する」

この流れを続けていくと、徐々にバラバラに見えた記事に関連性が見えてきます。

例えば、先ほどの「欧州中央銀行」に世界中が期待しているという件についても、日本の財政状況や金融機関との関連が霧が晴れるように見えてくるはずです。

さらには、こういう新聞の読み方を続けていると、世界経済のつながりも分かるようになってきます。

たとえば、中国から見るとEUは最も大きな貿易相手地域です。2位は米国です。そして、日本から見ると中国は第1の輸出国です。

だからギリシャやスペイン経済の危機的状況が、対岸の火事ではなく、いかに中国経済や米国経済の打撃を通じて日本と、ひいてはリーダーであるあなたが率いる組織とつながっているかまでが関連して見えてくる。

平面的な記事が、起伏に富んだ立体的なものとして、あなた自身とも繋がったものとして理解できるはずです。

気づきがあるわけです。

こうして世の中の流れが身近なものとしてつかめてくると、あなたの組織と社会の流れを常に関連づけて考えられるようになります。次第にどんな大局も、あなたの業界、あなたの会社、あなたの組織と関連づけて考えられるようになります。

関連づけの習慣により、大きな社会の流れを、組織の方向づけに活かすことができるのです。知識を知恵としてくれるきっかけになる、というわけです。

判断力を高める

進むか止まるか、右か左か――。

リーダーにとって最も大切な実務のひとつが「判断すること」です。

文字通り、組織をリードするのがリーダーの役割ですから、メンバーが迷いなく進めるように、判断して方向を定め続けていく必要がある。それができなければ、組織にあえてリーダーを置く必要性などありません。

ところが、現実には、この重要性を今ひとつ分かってないリーダーが多いんですね。

本来、優れたリーダーは、例えば役員会などの会議に出ても、大きな判断、決定はしても、枝葉末節まで議論しません。

「これは役員会で議論するテーマじゃない」

とはっきり言います。

しかし、**ダメなリーダーは、大きな決定ができないくせに、瑣末《さまつ》な議論や仕事にこまご**

まとこだわる。

例えば社長なら、おおまかな経営方針から営業方針くらいまでは「こうだ！」と決めますが、それぞれの商品の「販促グッズは何にするか」といったテーマにまで口出しするのはお門違い、部下がする仕事にトップが逃げ込んでいる状態です。

それぞれの現場にいるプロに仕事を任せ、彼らが動くための方向を判断するのがリーダーなのです。

「いや。そこまで見ないと気が済まない。信用できない」

なるほど。ではリーダーとしての仕事をまずやってから、それらの細々したことを行ってください。

東日本大震災の際の総理大臣は、一国の最大の危機となりうる原発事故のとき、

「自分には専門知識がある。現場で決める」

といった旨を述べながら、止める周囲を振りきって現地入り。そのせいで対応が半日遅れ、放射性物質を数多くまき散らす結果となりました。

別の元総理大臣は、普天間移設問題の際に、

「最低でも県外へ。できれば国外へ」

と耳ざわりのいい発言で沖縄の人たちの心を揺さぶるだけ揺さぶって、結局、移設先を決められないまま決断を先延ばし。結果、沖縄の方々はおろか、日本中、そして米国まで怒らせて、何がしたいのか分からないままに失脚しました。そして、一旦辞めると言った議員をしばらく続けましたが、選挙で勝てないと知り、やっと引退しました。

「現場を信じずに誤った判断をした悪いリーダーの見本」としては、とても良いサンプルかもしれません。

良いリーダーは「判断の優先順位」を示す

危機的状況の時は、時間が経過するほど傷口が広がり、とりかえしのつかない事態を招くことがあります。もっとも、何かしらの危機が起きたときというのは、たいてい同時多発的に手をつけるべき問題が表面化してくるものです。

しかし、目のついたところからとにかく手をつけ始めるのはダメな判断。たいして重要ではないのに時間がかかる対策に手を焼いてるうちに、傷口がどんどん広がり、致命的な結果に至るかもしれません。

では、どうすればいいのか？

「優先順位」づけです。

何を最初にやるべきで、次に何をなすべきか。問題を解決するにあたっての時系列な優先順位を見つけるのです。左図のようなマトリクスを描いてください。

どこかで見たことがあるでしょう。縦軸が緊急度、横軸が重要度です。このマトリクスを念頭に置いて、判断すべき局面に当たったら「緊急度も重要度も高い」右上の部分にあてまる事象から手をつけていく。左下の「重要度も緊急度も低い」ものは後回しです。「緊急度が高くて重要度が低い」ことに関しては、部下に任せてもいいかもしれません。すると時間とリソースを無駄なく、配分できます。

何を捨てて、何を活かすのか。リーダーにとってのは判断とはそれであり、マトリクスに当てはめることで、それを客観的に選別できるわけです。

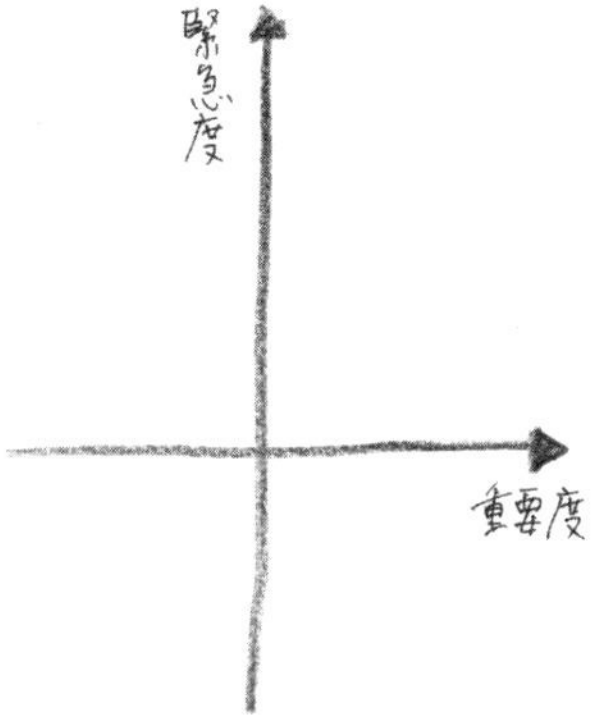

当然すぎて拍子抜けするかもしれませんが、危機時こそ、パニックにならずに正しい判断をするために、この原則は重要です。

「重要度、緊急度ってどうやって決めるんだ？」

と思う方もいるはずです。

優先順位づけとは、「優先順位をつけるための判断基準を持つこと」なのです。

明確な判断の基準があるから、具体的にどこから手をつければいいか、危機時にも瞬時に判断でき、決断ができるのです。

ジョンソン・エンド・ジョンソンの例でもお分かりいただけたと思いますが、その時に必要なのが、1章で説いたビジョン。そしてそのブレイクダウンです。

さらには、自分で分からなければ、衆知を集めるのです。リーダーにとっても分からないことはもちろんあります。それを**知ったふり、分かったふりをするのはとても危険です。**

責任は自分でとる覚悟で、衆知を集めて、そして最後は自分で判断するのです。

そのためには、普段から、信用できる人物と接触しておくとともに、自分の知識や判断力を高めておく必要があることは言うまでもありません。

繰り返しますが、ビジョンなどブレない判断基準を持っておくことも、とても重要です。

◆震災時のディズニーランドの対応の背景

ビジョンからブレイクダウンした判断基準で、問題解決に当たる。危機に対応する。

それができている組織の代表が、東京ディズニーリゾートです。

2011年3月11日。東日本大震災が発生したときの東京ディズニーランド、ディズニーシーの対応をテレビのニュースやネットなどでご覧になった方は多いはずです。

地震発生直後、激しい揺れに、来園者は一時騒然とします。しかし、従業員たちは、ここで間髪入れずに声を上げます。

「みなさん、落ち着いてください」

「ミッキーが守ってくれますよ」

さらに、寒かったその日、ミッキーキャラクターが書かれたブランケットを、すぐに子供たちに配り始めました。躊躇《ちゅうちょ》することなく売り物を配布し始めたのです。そして、怖がらないようにおどけてみせる園内のキャラクターたち……。

来園者の緊張は一気に緩和されて、誰しも落ち着いた行動をとることができました。迅速な対応力と、従業員一人ひとりの自律的な対応に感動された方は多いでしょう。

なぜ従業員一人ひとりが、しっかりと安全対策をとれたのか、ご存知ですか？

実は東京ディズニーリゾートには基本的な理念、ビジョンとして「ゲストに最高のエクスペリエンス（素晴らしい体験）を提供する」を掲げています。

加えて、このビジョンを実現するために、４つの行動現範が掲げられています。

①安全性（Safety）

②礼儀正しさ（Courtesy）
③ショー（Show）
④効率（Efficiency）

この4つは、上から順に「優先順位」が高く、その順番を崩さずに日々の対応をするようスタッフは教え込まれています。

「ゲストに最高の素晴らしい体験を味わってもらう」というビジョンを叶えるためには、何より「安全」でなければならない。「安全」が確保されたうえで「礼儀正しさ」がなければ全体の品位が落ちます。その2つを満たしてはじめて「ショー」が提供できる。この3つをクリアにしてから「効率」を考えようというわけです。

重要度と緊急度が最も高いのは、常に「ショー」より「安全」なのです。

もちろん、これは震災などの有事でも同じです。だからディズニーの従業員たちは迷うことなく、自律的に「まずお客様の安全を」と考え、行動できた。しかも礼儀正しく、ショー的な要素を併せ持ち、効率的に動けたのです。

つねに立ち返れる「家訓」がある強さ

ビジョンからブレイクダウンした「優先順位」を組織のメンバーに示すのは、東京ディズニーリゾートやジョンソン・エンド・ジョンソンだけでなく、日本の老舗企業も古くから実践しています。

例えば、パナソニックには、松下幸之助さんの考え方から生まれた基本理念である、

「産業人たるの本分に徹し　社会生活の改善と向上を図り　世界文化の進展に寄与せんことを期す」

というビジョンに続いて、「私たちの遵奉《じゅんぽう》すべき精神」といういわば、ビジョンにあわせた、迷ったときに立ち戻る行動基準が標榜されています。

それは、

「産業報国の精神」

「公明正大の精神」

「和親一致の精神」
「力闘向上の精神」
「礼節謙譲の精神」
「順応同化の精神」
「感謝報恩の精神」

の7つです。

だから同社では、例えば新規事業を立ち上げる際には「産業報国に繋がるか否か」「公明正大にせねば」と社員が常に7つの精神に照らし合わせて判断します。

そうすればビジョンや理念とブレない事業となる。

例えば、ホームページをリニューアルするとき、

「この画像には礼節謙譲の精神があるかな？」

「このキャッチコピーに感謝報恩の気持ちを入れないと」

など、**判断基準としてこの7つがあれば、ブレないわけです。**

現在、パナソニックは、業績低迷に悩んでいますが、今一度、この7つの精神に立ち返

ることが大切だと私は思っています。しっかりとしたバックボーンをもち、そこを原点にすべての商品やサービスに落とし込んでいくということが大切なのです。

考えてみれば、日本に古くからある「商家の家訓」というのは、まさにそんなビジョンを具現化するための行動指針であり、優先順位の尺度となる教えばかりです。

「一時の機に投じ、目の前の利に趨《はし》り、危険の行為あるべからず」

「我が営業は、信用を重んじ確実を旨とし、以《もっ》てその鞏《きょう》固《こ》隆盛を期すべし」（住友家）

「伝来の家業を守り決して投機事業を企《くわだ》つるなかれ」

「物価の高下に拘《こだ》わらず善良なる物品を仕入れ誠実親切を旨とし利を貪らずして顧客に接すべし」（伊藤松坂屋）

長く続く老舗企業は、こうした行動指針、ビジネスにおける優先順位が明確だったからこそ、時代が変われど「ブレない経営」を続けてこられた。どんな難局でも、

「うちのビジョンは？」

「家訓は？」

「行動指針と合わせて、どうだろう？」

と、メンバーが考えた結果、大きく道を外れることなく事業を進めてこられたのではないでしょうか。

◆「ホウレンソウ」なんて言わなくていい！

ここまでで、組織がブレずに動く条件として、リーダーの判断が不可欠であり、また組織のメンバーが自律的に動くためには、ビジョンをブレイクダウンして掲げた「行動指針」や「優先順位」を明確化することが大事だと分かっていただけたと思います。

もっとも、ビジョンをブレイクダウンした行動指針といっても、それをただ掲げるだけではメンバーには浸透しません。**何度も何度も繰り返し伝え、リーダーが率先して手本となっていく必要があることは言うまでもありません。**

あるケースでは、

「右へ進もう。我々の理念はこうだから」

別のケースでは、

「前へ進もう。なぜならビジョンはこうだから」

そんなふうに、いちいちビジョンと紐付けして、あらゆるビジネスの判断をしていくのです。朝礼などで何度も復唱するのもいいでしょう。

先述しましたが、人は忘れやすい生き物です。何度も唱えて、それぞれのメンバーの血肉となれば、お客様と話すとき、クレーム対応するとき、部下に指示を出すときなど、あらゆる局面で、直感で判断できるようになるのです。

いずれにしてもリーダーが唱えるのは、あくまでも「行動指針」まで。事細かな実際の行動や現場での細かな判断は、それぞれのメンバーを信頼し、しっかり任せることも大切です。その際に、任せきりにするのではなく、やらせたことが、ビジョンや行動指針に沿ったものであるかのチェックが必要なことは言うまでもありません。そして、それがビジョンや指針に合っていなければ、そのことを、その場できちんと説明しなければなりません。

それに関連して、ダメなリーダーが出す指示の言葉に、これがあります。

「ホウレンソウをしましょう」

新人の頃に言われましたよね。「報告、連絡、相談をこまめにすべし。それが仕事の基本」という意味です。

もちろん、新入社員にこれを教育することはとても大事です。行動基準や、具体的に何をやるべきかが分かっていないからです。

しかし、課長や部長に対してこんなことを言っているとしたら、その上司は相当残念な部類です。

ビジョンや行動指針を浸透させていれば、いちいちホウレンソウなんてさせなくても、一人ひとりが然るべき仕事を着実にやるはずです。

浸透させないでいる、つまりリーダーとしてビジョンや理念、基本的な考え方をきちんと伝えていないから、「ホウレンソウしろ」なんていつまでもベテランに対して言わなければならないのです。

大学生に「九九を言ってみろ」と言っているのと同じです。

小学校低学年には必要ですが、もし大学生に九九を言わせなければならないほどなら、それは大学生としては大失格であることは間違いありません。部長にホウレンソウというのも同じです。

昔から多くの人に言い継がれてきた言葉や、読み継がれてきた本には、それだけの価値があります。

しかし、言い継がれてきたからといって鵜呑《うの》みにするのは危険です。特に「ホウレンソウ」のような語呂の良い言葉は要注意。無批判に振り回しがちだからです。

ビジョンや理念が本当に浸透していれば、必要のないことも少なくないのです。「あいつなら大丈夫」という、「ホウレンソウ」など必要としない信頼できる部下を育てることが大切なのです。

リーダーこそ時間をコントロールすべし

上に立てば立つほど、「時間がなくなる」。そんな思いを抱く人は本当に多いものです。自分の仕事だけしていれば良かったのが、部下や他のメンバーのことまで気をかけなければならないからです。

「私一人なら楽勝なのに…」という局面が多々出てくるものです。

そこで、本章の最後は、リーダーが持つべき時間管理力に触れましょう。

まずは**「自分以外の人でもできる仕事を人に任せるクセをつける！」**ということです。

リーダーがやるべき仕事で忙しいのならいざしらず、実は**リーダーがやるべき仕事ではないことに忙殺されている残念な人が、とても多い**からです。

リーダーがやるべき仕事とは、これまで挙げてきた通りです。

・高い志に根ざした「ビジョン」を掲げる

・ビジョンを追い求めるために、組織の方向性を指し示す
・ビジョンを具体的実践に落とし込む方策を考える
・組織の経営にまつわる重要な決断をする

その決断を間違わないよう、世の中の流れを知る、それに合わせ、資源を最適に配分し、人を動かす

などです。

裏返すと、これ以外の仕事、リーダーがやる必要がないことは、周囲の他のメンバーに任せていくのが正解です。先にもふれましたが、リーダーの仕事は枝葉末節な議論や行動ではありません。

もちろん、それらも大切な仕事ですが、すべてをリーダーが行う必要はありません。まれにそうした小さな仕事まで、

「俺が見なきゃダメだ」
「信用できない」
「俺がやる方が速い」

などと手を出しているリーダーがいます。

しかし、それは部下の仕事に逃げ込んでいるだけ。むしろ部下の仕事を奪い、ダメなメンバー、弱い組織を自らつくっていることになるのです。

部下の仕事は部下に任せることが大切です。

場合によっては、アウトソーシングもできます。会計やマーケティングのプロに仕事を任せるなど、お金でワザを買うことが効果的な場合もあります。

いずれにしても経営、マネジメントとは、判断であり、リーダーが重要な判断をするためには、何かを捨てる必要があることもあります。時間をマネジメントすることが重要です。

◆判断に適した時間を知ろう

時間をマネジメントする際の王道、それはどんなビジネスパーソンでも同じですが、「最も質の高いアウトプットを出せる時間はどこか」を見極めて、そこに大事な仕事の時間を合わせることです。

1日24時間のうち、人には必ず「集中できる時間」「モチベーションの高い時間」があるもの。

私はそれを「スターの時間」と呼んでいます。それは人によってまちまちで、朝型の人もいれば、夜型の人もいる。

大事なのはそれがどこか、把握しておくことです。そして、そこに大切な仕事を集中させるのです。

例えば、朝こそ頭の回転が冴えているなら大事な決断は朝にするべきです。逆に夜のほうが冷静に物事を決められるなら、夜に決断する。

いずれにしても、リーダーは率先垂範が基本ですが、リーダーが全てをハンドリングしなければならない組織はダメな組織です。

リーダーが自分しかできない重要な仕事を、最適な時間に集中できるように、部下に仕事を任すことのできる組織づくりが必要です。そのためには何度も述べているように、普段からビジョンや考え方を伝えるとともに、技の面でも部下を鍛えておかなければなりません。

3章　「ビジネスの原理原則」を学び、「信念」にまで高める

私が依頼を受けない会社とは

私には、

「こんなリーダーの会社から依頼が来ても絶対にコンサルティングを引き受けない」

という、明確な指標があります。

なんだと思われますか?

もうお分かりですね。

「報酬の多寡《たか》」でも「企業規模の大小」でも「業種の差異」でもありません。

リーダーが「誤った原理原則に基づいて組織を動かしている企業」です。

原理原則とは、世の中のあらゆる場面に当てはまる普遍的な価値観や倫理観のことです。

もちろん、ビジネスにも原理原則があります。

組織や会社を引っ張るリーダーが、この原理原則を誤るとはどういうことか?

結論からいうと、

「お金儲け第一」

とか、

「自分たちだけが勝てばいい」

といった、**私利私欲を拠り所にしてしまっている**ということです。さらには「お客様第一」と口では言いながら、それを儲けるための手段にしているということです。

それが誤りである理由は簡単です。

儲かることしかしなくなる。

自分のことしか考えない。

そんな企業が必ず失敗するのは、ホリエモンの例で説明した通りです。

経営者が考え方を変えれば別ですが、そうでなければ私が後から何をアドバイスしようと、ムダと分かっているわけです。

これは長い間、経営コンサルとしていろんな会社、たくさんの経営者を見てきて、「必ずつまずく経営者」の特徴として実感していることです。組織を殺し、メンバーを路頭に迷わせるリーダーが持つ悪しき考え方と断言できます。

◆「信念」にまで高める

なぜかというと、大きなリスクを伴ったり、いくつもの要素が複雑に絡み合う事項の判断をするときには、リーダーの中に根付いた考え方が判断を左右するからです。

例えば、**単なるお題目として「事業を通して社会貢献を」と説いたところで、その実、リーダーの根っこの考え方に「儲けられればいい」「金儲け第一」があるとしたら、そちらがリーダーが最終的に判断する際の基準になってしまうというわけです。**

ピアニストやギタリストなどの楽器演奏者には、頭で考えずとも思わず手が動いてしまうフレーズ、「手グセ」と呼ばれるものがあります。同じようにリーダーが思考し、決断するときも「思考グセ」のようなものがあります。自分の中に根付いた原理原則は自然に出てしまうものなのです。

正しい原理原則に則った思考を繰り返していけば、いつの間にか「信念」となって深く根付き「思考グセ」になっていく。考えずとも自然と行動としてアウトプットされるわけです。

ただし、正しい原理原則をつかみ、信念にまで高めているリーダーは、残念ながらそれほど多くありませんが、逆に彼らはとても成功しています。

その証拠に、世の中に、すばらしいビジョンや理念を掲げている企業はたくさんありますよね。企業のホームページを見たら、もう輝くばかりのビジョンが掲げられ、日本はなんてすばらしい会社ばかりなんだ、と感動してしまいます。

ところが、世の中に、そのビジョンにふさわしいビジネスを真に貫いている企業って、どれくらいあるでしょうか。金儲けの手段にビジョンを掲げている会社も少なくないのです。ここまで説明してきたように、ビジョンとは「目的」でしたよね。

正しい考え方、原理原則を持っているかどうか。一流のリーダーと、凡庸なリーダーの差は、ここにあります。

正しい原理原則とは何か？

では、リーダーが持つべき「正しい原理原則」とは、何なのでしょうか？

私はそのひとつを、

「義」


だと捉えています。いうまでもなく、儒教における思想の1つで、「人として守るべき正しい行い」のこと。人の欲望を表す「利」と対立した概念だとされます。

正義、仁義、大義、義憤、義理……と、「義」が使われた言葉を並べると言葉が持つイメージが強く浮かび上がります。損得で判断するような、金儲けを一番に置くような原理原則とは大きくかけ離れているというわけです。

では、金儲けではなく、何を第一にするか？

私は「お客様第一」だと考えます。お金を儲けたいから良い仕事をするのではなく、お客様のために良い仕事をすることで、結果としてお金儲けに繋がる。

「儲けたい」と思っているリーダーについていこうと思うメンバーの志は、当然のように低いものになります。儲かっている時は、いくらでもついてくる人間がいるかもしれませんが、儲からなくなったときに、組織への帰属心は消えるでしょう。「儲からないなら意味がない」と簡単に離れていく。

「金の切れ目が縁の切れ目」と考えているので、それは、当然のことですね。

「金儲け第一」を追い求めるような企業は、踏ん張りがきかないのです。全身全霊で仕事ができない。実は結果的に、金儲けすらできないわけです。

先述しましたが、中国の古典である『孟子』には、

「先義後利」

と書かれています。

「義」を「利」より優先すべきということですが、「義」を優先した結果として、「利」はついてくるのです。また『論語』にはこんな言葉もあります。

「利によりて行えば怨《うら》み多し」

自分の利益、利欲をモチベーションにして物事を動かすと、多くの怨みを得ることになる、という戒めです。

2500年以上前から、「金儲け第一は、失敗する」ということを多くの人は経験してきたのです。

もっとも、裏を返せば、人間は「放っておくと私利私欲に走る動物である」ということです。だから、何千年も前から繰り返し繰り返し、先人たちは「気をつけろ！」と言い続けているのです。放っておくと、私たちは「利」に、「金儲け第一」に走りがちになってしまうのです。

ですから私たちは、正しい原理原則を学ぶことが必要なのです。

◆古典には全ての答えがある

そのためには昔から読み継がれている本を読むことです。

何度も取り上げていますが、『論語』や『孟子』といった中国の古典は2500年読み継がれているだけあって、**「原理原則の宝庫」**です。聖書や仏教の聖典も同様です。ソクラテスなどの哲学書も思考グセにしたい言葉の宝庫です。ビジネスに親しい言葉で語る、松下幸之助さんや、稲盛和夫さんなどの本もすばらしい。

こうした長年読み継がれた古典や良書を開き、また何度も何度も読み返すのです。すると、驚くほど、彼らが同じことを伝えようとしていることに気づくはずです。

孟子曰《いわ》く**「先義後利」**

松下氏曰く**「一生懸命に仕事をしたあとに、利益がついてくる」**

稲盛氏曰く**「動機善なりや。私心なかりしか」**

良書から原理原則を見つけ、何度も何度も読む。それをあなたのバックボーンにするのです。そのとき、「先義後利」のような正しい原理原則が、あなたに根付きはじめます。

人は学び、成長する生き物です。学び、成長しないのは動物であり、本能のまま、利だけに走るのもまた、いかにも動物的行動なのです。

さて、あなたは優れたリーダーになりたいですか？　動物でありたいですか？

原理原則をモノサシに「仮説→検証」を繰り返す

原理原則そのものは古典から学べますが、これをリーダーであるあなたの思考習慣にし、判断のモノサシとして根付かせるには、もうひと工夫が必要です。

しっかりと自分の「信念」となるよう、先にも書いたように「腑に落とす」のです。

そのための手法としてオススメしたいのが、**「仮説と検証」を繰り返すことです。つまり、ものごとにあたって反省するということです。**

たとえば、古典から「先義後利」という原理原則を学んだならば、これを「仮説」として実際のビジネスの現場や、周囲の人間に当てはめて「検証」してみるわけです。そしてそれを省みるのです。評論家のように見ているのではなく、自分のこととして省みるのです。

物事の本質を見極め、学問を自らの血肉にしていくための最もシンプルで効果的な方法が、「仮説と検証」ですが、それを行いながら、自分のこととして反省する習慣が大切です。

現実の経験によって、机上での学びを自分のブレない「バックボーン」へと落とし込んでいく作業ともいえます。

そのためには、実践が大切です。机上の空論を仮説検証しているだけなら、ケーススタディをやっているのと同じです。実際の毎日に、その原理原則をベースにして行動するのです。

評論家ではリーダーは務まりません。**ティーチャーとリーダーは違うのです。**

書物の中に書いてある、あの言葉は、こういうことか……。

人は経験と知識の両輪で、学びを得ていきます。それが「頭」から「腑」に落ちるというプロセスなのです。

私自身もこうした古典からの学びを仮説とし、経営コンサルタントとして多くの経営者、リーダーたちの言動と照らし合わせていきました。

そして、小さな会社を自分で経営しながら、実践で多くのことを学びました。その中で「これはビジネスの原理原則だ」と深く納得してきたからこそ、本書で「義（＝お客様第一）こそ原理原則である」といえるのです。

ちなみに失敗する経営者の共通のパターンは、驚くほど、次の通りです。

「公私混同が激しい」
「私利私欲が強い」

だいたいこういう人は「見栄っ張り」です。それはもう、本当に悲しいほど、こうしたリーダーは組織をダメにしている。会社をつぶすか、自分が消えるか、どちらかの末路が待っているのです。

さらには、「評論家」です。

故一倉定《いちくらさだむ》先生が、

「評論家社長は会社をつぶす」

とおっしゃっていましたが、自身が先頭に立って行動しない評論家のリーダーは、組織をおかしくしてしまうのです。

会社の経費でゴルフに行くダメリーダーに学ぶ

ダメなリーダーの姿を反面教師として、経営の原理原則を実感してください。自分と似ていると感じたなら……こっそり、しかし、しっかりと直しましょう。まずはこんなダメリーダー、いまだに結構いるものです。

「平日に会社の経費でプライベートのゴルフに行く」

論じる前からあきれるほどですが、原理原則を学ぶには最高の対象です。そして、これは規模の大小を問わず、意外といるダメリーダーなんです。

もちろん、お客様との付き合いなら仕方のないことですが、自分が個人で楽しむためのゴルフを会社の経費で行ってはいけないのです。平日に行くなら休暇をとって、しかも自費で行けばよいのです。夜の食事や飲み会も同じです。

リーダーとしての基準は簡単です。

「部下が同じことをやっても許せるかどうか」

です。部下が平日に自分が楽しむプライベートなゴルフに会社のお金で行くことを許しているなら、リーダーもそうすればよいでしょうが、それなら会社は潰れます。

先述したように「利によりて行えば怨み多し」という『論語』の言葉があります。私利私欲を前面に出して行動する人間は、周囲の恨みを買うことになる、という教えです。

「会社の経費でプライベートのゴルフに行く、銀座に飲みに行く」ような私利私欲かつ公私混同の行動は、まさしく「利によりて行えば〜」の最たるものといえるでしょう。

しかし、反論があるかもしれません。

「社長なんだから、それくらいいいだろう！」

「人脈づくりのための仕事みたいなもんだ」

なるほど。だから、費用は経費で落としていると――。

まったくもって、バカリーダーです。落としているのは経費だけではなく、会社の業績と、そして組織のメンバーからの信用だと気づいていない。部下はすべてお見通しです。こういう組織からは、若い人や優秀な人がどんどん辞めていきます。

組織のリーダーは、率先垂範が基本中の基本であると先述しました。志高いビジョンを掲げても、それをいかに実践しているか、言い出しっぺであるリーダーが「指揮官先頭」で言葉通りの行動をしているか、部下は必ず見ているものなんです。

それは親の背中を見て、子供が育つのと全く同じこと。えらそうなことばかり言っても、だらしない親の子はだらしなさが根付き、クセなどは驚くほど似てきます。遺伝的なものだけではなく、親の姿を自然と参考にし、同じような言動を真似るようになるからです。

「人脈づくりだから…」と称して、会社の経費でプライベートのゴルフに行くような社長を見た社員は、その背中から何を学び取るでしょう。

もちろん、本当の人脈づくりなら問題はありませんが、将来、それを会社の業績に反映させることが大前提です。そうでなければ、単なる遊びです。

そういうことを続けていると、部下も、「隙《すき》あらば経費を使い込んでやろう」と思うのは当然です。ところが、リーダーがそれに気づいたら、自分のことは棚において、こう言うはずです。

「ふざけるな！」

するとメンバーはどう思うか。

「自分は好き勝手やってるくせに……ふざけるな！」

となる。

リーダーに不信と恨みを抱く部下が、一所懸命仕事に精を出すはずはありません。

だから、当然会社の業績は悪くなる。会社の業績が悪ければ、給料は低くなる。給料が低いから、社長も社員も「会社の金を使ってやろう」として、さらに公私混同しようとする…と、破滅への悪循環が生まれるのです。これは社員ではなく、お粗末なリーダーの責任です。

一倉定先生はおっしゃっていました。

「会社には良い会社、悪い会社はない。良い社長、悪い社長があるだけだ」

と。

◆「For the company」の気持ちを見せておきたい

だから、良きリーダーは、経費をちょろまかしたり、公私混同するような愚はしません。しないどころか、自腹を切る方までいる。

例えば、私の会社では毎年海外研修ツアーを実施しています。アメリカやヨーロッパなどに向かい、現地のマーケットや企業を見学する研修なのですが、毎年それに参加して、すべて自腹で払っている社長がいるのです。飛行機代だけで80万円以上もかかるのに自腹です。「これは個人の学びだから…」と。それでいて社員の方には、それぞれにおみやげを買って帰る。

会社を良くしたい。そんな思いが、お題目じゃなく、本当に個人の信念としてその社長の真ん中にある。「For the company（会社のために自分がいる）」という気持ちを何よりも表します。

そんな社長の背中を見ていたら、当然、部下も「会社のために」となりますよね。現に、その会社は、厳しい時代にも売上や利益を上げ、社員の給与も高いのです。もちろん、経営者の給与も高いですから、自腹で旅費を出せるのです。

人脈という名の信用

「人とのつきあい方」にも原理原則があります。

まず「金の切れ目が縁の切れ目」という言葉がありますが、利害関係だけでつながった関係というのは実にモロいということ。これは先述した先義後利にも繋がるところがあります。

しっかりと「義」でつながった関係なら、後から「利」がついてくることがありますが、**「利」でつながった関係から「義」が生まれることはない、**ということです。

自慢のようになるので、恐縮ですが、私の経験を例にこの仮説を検証させてください。

私は新卒で「東京銀行」に入り、留学を経た後に、外交評論家である岡本行夫氏が代表を務める「岡本アソシエイツ」へ、その後、「日本福祉サービス」(現「セントケア」)へと、まったく別の業界3社を経験した後に、経営コンサルタントとして独立しました。

世間では、退職した会社とは関係が切れることが少なくないものです。しかし、私は有難いことに、これまでいた3社すべてと、辞めた後も関係が続いています。

東京銀行は、独立した際に、子会社が顧問契約を結んでくれました。また親会社である現・三菱東京UFJ銀行からは、今でも年に2〜3回ほど講演の依頼をいただいています。

2社目の岡本アソシエイツも、同様に辞めたと同時に顧問契約を結んでいただけました。現在は、岡本行夫さんには、我が社の顧問を務めていただいています。

さらに、セントケアは今も非常勤の取締役をさせていただいています。

とても光栄なことです。それは、辞めた会社でも、自分が「信用」されているという証だからです。これは、独立した後、仕事をする上で最大の信用となりました。

では、なぜこうした「信用」を得られたかは自分ではよく分かりませんが、私が、「利」を追わなかったからかもしれません。今でも、自分の利だけを追っている人や会社は好きではないのです。

それと、人や勤めた会社に損をさせるのが嫌だという気持ちが結構強かったからかもしれません。今でも、自分の会社だけでなく関わる会社や人に損をさせたくないと思っています。

例えば、**私は銀行員時代から、残業なんて、ほとんどしませんでした。**

ええ。読み間違いじゃありません。

「残業をしなかった」のです。好きではないからです。会社のためにも、自分や家族のためにも。

◆経費をちょろまかすと人生をちょろまかされる

私は新卒で東京銀行に入ったのですが、当時、同行は日本唯一の外国為替専門銀行でした。私も含めて、ほとんどの人が、東京にいながらロンドンやニューヨークなどの時差のある拠点と毎日、連絡をとりあい仕事する日々を過ごしました。

東京の夕方頃がちょうどロンドンの始業時間、東京の深夜11時頃がニューヨークの始業時間でした。だから、同僚の中には、夕方、ロンドンに電話した後も会社に残り、11時すぎにニューヨークと電話した後に帰宅していた人もいました。電話といっても長くても数十分で終わる内容です。しかし「どうせもうひと仕事あるし」「残業代もタクシー代も出るし」ということだったのでしょう。

私は彼らを見て、「なんてムダなことをするんだ！」と思っていました。

夜の11時に会社からニューヨークに電話していたら帰宅するのは翌日です。タクシー代もムダにかかるし、何よりその時間からお風呂に入って寝たら翌朝つらく、パフォーマンスが落ちるのは明らかです。

だから、私は夕方、銀行からロンドンと電話をし、ひと仕事を終えたら、さっさと帰宅していました。友人と食事したり、あるいは、家でしっかり夕食をとり、子供とお風呂に入って、少し本でも読んでいると11時頃。ニューヨークの始業時間になるので、自宅から電話し、もうひと仕事終わらせていたわけです（ニューヨークへの電話は、もちろん通話料を会社に請求していました）。

このおかげで、家族との時間も過ごせるし、睡眠時間もたっぷりとれる。翌朝はすっきりとした状態でスタートダッシュを切れました。ムダな残業代やタクシー代を会社に払わせることはありませんでした。

月に残業代とタクシー代を合わせて数万円か数十万円もの額を請求し、朝は寝不足でモヤーッとしている社員と私と、どちらが優れたアウトプットを出せるでしょうか？

会社はどちらを評価するでしょうか？

あなたが上司なら、どちらに大事な仕事を任せますか？

私が上司なら、前者のボーナスなど当然カットし、その分を後者（私ですが）に上乗せします。

ボーナスには「評価（人事査定）」がセットでついていますから、余分な残業代とタクシー代の何倍も、将来的には金額的にもマイナスなのです。

なぜ、そんなことが分からないのでしょうか。そんな金銭的な細かなことはともかく、「毎晩遅ければ翌日は良い仕事はできない」ということすら分からない人が少なくないのです。それを毎日繰り返して良いアウトプットを出し続けられるはずはありません。

経費は、天から降ってくるわけではありません。職場の誰かが汗水たらして稼いだお金です。それを無神経に使う粗雑な神経と、ちょろまかしていることがバレないだろうと思っている鈍感さに、本人だけが気づかない。

上司はとっくにお見通しです。

つい熱くなってしまいました。話を戻しますね。

先ほどの2人が会社を辞めて独立したとして、会社はどちらと取引したいと思うでしょうか？

松下幸之助さんは、

「利益に関わった問題になると、とかく人の判断は狂いやすい。そして眼前の小利にとらわれる」

と戒めています。目の前の些細《ささい》な残業代やタクシー代を「ちょろまかしてやれ」とまでは言わなくとも、会社の経費だからと平気でもらっている人は、信用は得られません。

人と人の関係にも、原理原則があるのです。

昔からの友人を大切にできる人、できない人

さて、ここでひとつ質問です。

あなたには、長いつきあいの友人がいますか？

「中高大はもちろん、小学校の頃から続いている友達がいる」？　それはすごいですね。「進学や転職の度に、ステージが上がってるから、過去の知人より今の繋がりを大切にしている」？　なるほど。そういう考え方もあるかもしれませんね。

答えは人それぞれだと思います。

ただ、私の会社の採用では面接の相手から、前述した2つの答えが出てきたとしたら、必ず前者の方を採用します。「昔からの友達がいる」方です。

理由は、お分かりですね。人を裏切る人には長いつきあいの友達はいないからです。

打算的で利己的に人間関係をとらえている人からは、自ずと友人が離れていくものです。

本人は「自分で選んでいる」つもりでしょうが、周囲が嫌気を感じ離れるケースのほうが

多い。そうした人は、人を裏切ったり、他者を大切にしないからです。

不義理な人間には、長いつきあいがありません。

人を選ぶとしたら、

「長い友人がいるか否か」

「以前の勤め先での先輩や後輩と関係が続いているか否か」

を見ておけば間違いないでしょうし、自分自身もそうありたいものです。

さらに、「人脈を利用して仕事をもらわない」ことです。

私は知り合いはたくさんいるほうだと思います。私のセミナーを継続的に聞きに来られる会員企業さんだけでも350人ほどいらっしゃるし、顧問や役員をしている会社も十数社ありますから、その社員さんだけでも万を超える数がいます。毎年、200カ所くらいで講演や研修をしますから、そこで知り合う人の数も相当なものです。

しかし、今まで一度も私から知人に頼み込んで仕事をもらったことはありません。「知人に頼んで、利を得ようとする」。それは本当の実力ではないと考えているからです。

もちろん、お互いにメリットがある場合なら別ですが。いずれにしても人を利用しようなどと思う人間を、好きになる人はいないと思います。

「家族のために働く」の危うさ

「貧すれば鈍する」という言葉があります。

会社や組織が「儲ける」ことを目的化してはダメですが、良い仕事をして、結果として儲かることは大切です。「儲かる」必要がある理由はここにもあります。貧すれば鈍する。儲からなくなると、受けたくない仕事、受けるべきではない仕事も受けざるを得なくなりますし、さらに、自分の倫理観に反することもやらなければならなくなるかもしれません。たとえば、先に先に出てきたAIJ投資信託などは、儲からなくなっているにもかかわらず、自分たちの存続のために、投資家を騙《だま》し続けてきました。

お金がなく、食うに困る状況だと、こうした事業を通して人を騙すようなこともしなければならなくなることがありうるわけです。資金繰りに困って、お客様第一を忘れて、資金繰り第一となった会社もたくさん見てきました。

正しい原理原則に従うためには、精神的にも金銭的にも余裕を持ち、良い仕事に集中できる状況をつくっておかなければなりません。ある程度余裕のある状態にいなければならないのです。私たち凡人には「衣食足りて礼節を知る」状況にいることが大切なのです。

関連して、私は、

「家族のために…」

「自分のために…」

というモチベーションで仕事をするのも問題だと思っています。いや、もちろん家族のためであり、自分のためではあるのですが、やはり仕事は「お客様のため」や「世の中のため」にやるべきで、**お客様にとってみたら、あなたの家族やあなたのキャリアアップは全く関係がない。知ったこっちゃないからです。**順番を間違ってはいけません。

お客様のことを思い、良い仕事をするから、良き報酬が得られる。結果、自分のため、家族のためになるのです。**「ワーク・ライフ・バランス」という言葉がもてはやされましたが、全身全霊、仕事に打ち込んだ先に、充実した人生があるのです。**適当に仕事をこなして余暇を楽しむことが本当のワークライフバランスではないはずです。少なくとも、プロとして充実した人生ではありません。

さらにいえば、そんなことも超越して、「良い仕事」をすることにだけ集中して仕事をするようになりたいものです。仕事そのものに集中するのが一番です。

原理原則のうえに進化しよう

「先義後利」
「利によりて行えば怨み多し」
「仕事を通じて社会貢献する」

こうしたビジネスに昔から活き続ける原理原則は、いつの世も変わらないからこそ原理原則といえます。だから残念なリーダーにならないためには、掲げたビジョンと共に、原理原則を信念として胸に刻み、経営の判断を下す際の礎《いしずえ》にしておきたいところです。

ただし、原理原則だけを守れば、一流のリーダーとして、組織の成長を継続させ、永続させられるか、というと少し足りません。

原理原則に則りながらも、どんどん進化することが必要です。

原理原則だからといって、考え方すべてを硬直化させてはなりません。

優れた企業やブランド、製品にしろサービスにしろ「長く愛され、支持される」ものは、大抵「変わらないものを残しながら、時代に合わせて変化している」からです。

例えば、「日清食品」のカップヌードル。

1971年に誕生した、世界初のカップ麺で、すでに国内で200億食も売り上げている、ものすごい定番商品です。

「変わらない味に安定感がある」

「食べ慣れた味が好き」

「定番の変わらぬ美味しさがある」

そのような理由で支持されている同品ですが、実は「少しずつ味を変えている」ことをご存知でしょうか?

皆がイメージするカップヌードル味を軸にしながらも、味の濃さや具材などは、時代の変化と共に少しずつ変えているのです。

私のお客様である京都の老舗の社長から聞いた話ですが、彼の友人の古くからあるお茶店(お茶を製造・販売しているお店)の主人も同じことを言っていたそうです。

京都で、もう何百年も続いているお茶店なのですが、

「あなたのところは何百年も商品が変わらないからラクだね」
と冗談がてら話したところ、
「時代に合わせて、少しずつお茶の味も変えています」
と言われたそうです。

変わらない味を残すために「変えている」わけです。こうした努力を積み重ねられているからこそ、長く愛される定番となっているのです。

この考え方は、そのまま組織のマネジメント、会社経営にも当てはまります。掲げたビジョン、信念にまで高めた経営の原理原則。この両者を具現化するためには、流れ行く社会や、世の中に目をこらして、変化していかなければなりません。

では、変えない部分と、変えるべき部分とは何なのか？

変えない部分は、いうまでもなくビジョンや理念と正しい考え方である原理原則。

変えるべきは、戦略やそれにともなって提供されるQPS（**Quality（品質）、Price（価格）、Service（サービス）**）や、それを実行するための「マーケティングの5つのP」（Products（製品）、Price（価格）、Place（流通）、Promotion（広告・宣伝）、Partner（パートナー）」です。

◆あるマンション管理会社の例

お客様はいまどんな「品質」（例えば味）を求めているのか、どれくらいの「価格」にお値打ち感を感じるのか、どんな「サービス」に差別化を感じてくれるのか――。

常に世の中のニーズや人々のウォンツを探りながら、変えていかなくてはなりません。他社の状況、社会の流れ、新聞やニュース、街や他業界から変化を感じ取り、それを反映させて、「変えていく」必要があるというわけです。

もちろん、それは手段であって、目的ではありません。掲げた「ビジョン」と信じる「原理原則」をブレずに貫くためには、大胆にしたたかに、ＱＰＳは変える。それが、生き残る企業、成長し続ける組織の強さです。

リーダーがやるべきは、「変えないもの」を守りながら「変えるもの」はどんどん変えていくことなのです。

私の高校の先輩が社長を務める会社のお話です。

「フルタイムシステム」という会社です。

原社長はもともとマンションの管理会社を営んでいました。30年ほど前、宅配便が増え始め、管理事務所でお客様の荷物を預かる機会が増えたそうです。

ある日、預かった荷物が盗難に遭った。お客様に多大な不利益を与えてしまった。一方で、宅配便は部屋に誰もいないときは受け取れないという不便さがあり、そこに「お客様の不満」があったわけです。

そんな理念と、

「居住者に喜ばれる事業をしたい」

「お客様に喜ばれることをすれば必ずビジネスに繋がる」

という信念を持っていた原社長は「宅配ロッカー」という仕組みを思い付きます。

荷物の受け取り先がいなくても、宅配便業者は、集合玄関の前に取り付けられたロッカーに入れることで、荷物の受け渡しができる。

こうして生まれたのが「フルタイムロッカー」というシステムです。マンションなどの集合住宅にお住まいの方なら聞いたことがある人は多いはずです。日本でのシェアは70％

を超えています。

ビジョンと信念を変えないままに、業態を変えて成功した。お客様のニーズを考え抜いた結果、新業態が生まれ、だからこそ成功したというわけです。

居住者の方に喜ばれることを…と思いながら、かたくなに、「従来のマンション管理業務以外の仕事はしない」と変化を恐れていたら、ありえなかった成功です。

一見、異なるように見えますが、そこにはカップヌードルや、老舗のお茶店と同じ**「変化」と「不変」の合わせ**があるわけです。

◆「お客様」はすべて同じではない

先ほど「お客様第一」の姿勢の重要性を述べましたが、「お客様」はすべて同じではありません。

大きく違うものに、「常連のお客様」と「一見《いちげん》の（新規の）お客様」があります。両者を同じように考えると、大きなミスを犯します。

「常連に愛されていた名レストランが、テレビで紹介されたとたん、一見客が押し寄せ、

「常連が好んでいた味、サービスや落ち着いた雰囲気が失われてしまった」

というのは、よくある話です。

本当の「お客様第一」とは、既存顧客（常連のお客様）に変わらず満足していただくという前提をクリアした上で、新規のお客様と向き合うことです。

この順番を間違えると、

「常連客を失望させ、新規客が飽きて去ったあとには何も残らない」

という悲惨な事態を生みます。

リーダーたるもの、心得ておきたいポイントです。

素直さは、人のせいにしないことから始まる

この章の最後に、今までお話ししてきたことに関連して、ぜひお伝えしたい原理原則があります。

それは良きリーダーは、**「君子豹変《ひょうへん》す」**であるということです。

これも中国の古典である『易経《えききょう》』にある言葉ですが、徳の高い立派な人は、間違いに気づいたとき即座にそれを改めて、軌道修正できるということです。

正しい原理原則に基づいたビジョンや理念を守りながらも、それでもやっていることに関して誤りに気づいたら、これまでの行いや、商品やサービスを変えることも必要です。

だから、「君子豹変」ができるような「素直さ」が良きリーダーには必要です。ビジョン・理念や原理原則を守りながらも、他人の意見、お客様の支持・不支持を素直に受け入れられる素直さです。実績が出ないなら、自分が間違っていると思える謙虚さです。

「みんな分かってない」

「客がバカだから」

「時代が早すぎた」

こんなふうに口を開く度に人のせいにしたり、

「円高だから」

「デフレだから」

「市場が縮小しているから」

などと、環境や周りのせいにして自分のことを反省しない人は成功しません。

松下幸之助さんは、

「お客様は神様の如く正しい」

と言っています。一人ひとりのお客様をとれば、誤っている場合もあるかもしれないが、全体的に見ればお客様は神様の如く正しいということです。

神様がダメ出しをしたら、自分に責任があるということだから、素直に変われることがリーダーとしても人間としても大切なことです。

素直というのは、起きていることを謙虚に受け容れるということです。それでこそ前向きに対応ができるのです。

ぜひとも、耳に痛いことでも、素直に聞き入れてください。そして前向きに対応して変わっていくことです。

4章　「人情の機微」が分かる人になる

人情オンチが分かっていないポイント

良きリーダーに必要な資質として**「人間観」**が必要だと松下幸之助さんは述べておられます。人というものがどんなものかということが分かっているということです。

本書で何度かお伝えしている、リーダーの3つの仕事、覚えていますか？

「組織の方向づけ」

「資源の最適な配分」

「人を動かすこと」

です。

この3つめ、**「人を動かすこと」が、とても大事な要素ですが、これには、リーダーが、人というのはどんなものかを分かっている必要があるのです。**

経営は一人ひとりが持つ力を最大限に引き出し、またそれぞれが、ただ言われた通り動くだけではなく、組織が掲げたビジョンの実現のために自律的に動けるようにする必要があります。

人を動かすためには、「こんなことをされたら人はどう思うか」といった、人間が持つ心の機微や感情の起伏を知ることが大切なのです。

組織のメンバーにどんな声をかけ、どんな態度を示したら自発的に動いてもらえるか、こうした心の機微をとらえるアンテナ、感性がないとリーダーは務まらないというわけです。

しかし、「人情オンチ」の人は、どうもこのアンテナの感度が低いのです。

最も分かりやすく、かつ最も残念な人情オンチの特徴、分かりますか？

「人の感情というのは、一人ひとり違う」ということに、気づいていないことなんです。単純な自分と同じだと思っているのです。

だから、人の心に鈍感な人情オンチなリーダーは、時にこんなカベにぶち当たります。

奮起させようと怒鳴りつけたら、みるみるメンバーのやる気がなくなっていった…。

「なぜだ！　オレなら思いっきり燃えるのに！　まったく最近の奴は」となる。

モチベーションを上げようと、ほめたら、社員が増長して手がつけられなくなった。

「本に『ほめなきゃダメ』と書いてあったから、その通りにやったのに」と憤る。

前者は「他人の心の動き方は、自分とだいたい同じようなものだ」と錯覚しています。
「叩かれたら人は燃えるものだ（なぜならオレがそうだから）」
「給料さえ高ければ、いい社員は集まってくる（だって、自分がそうだから）」
こうした、自分のモノサシが他人のモノサシにも当てはまると思っている勘違いが、このタイプの人情オンチたるゆえん、というわけです。

一方、後者は、どんな人の心もだいたい同じようなもので、理屈通りに動かせるものと勘違いしている。「人間はこういうものだ！」とあまりにも大雑把《おおざっぱ》なモノサシによる荒っぽいステレオタイプ化で人を動かそうとして失敗。「自律的に動いてもらう」どころか、好き勝手されてしまう、というわけです。

「ほめたり、給料アップをちらつかせれば、簡単に、自分の思い通りに人は動かせる」などということは、ほとんどありません。リーダーという立場にありながら、そんな単純な思考ではどうにもならないのです。苦労知らずのリーダーは、そのために周りがかなり苦労していることすら分からないこともあるという認識が必要なのです。

苦労知らずで育ったという人は、苦労や嫌なことを進んででもやるようにしたほうがいいかもしれませんね。

2012年7月、「将来のエネルギー・環境政策に関する国民からの意見聴取会」という席で、中部電力の課長が、こんなことを言いました。

「(福島原発事故で)放射能の直接的な影響で亡くなった人は一人もいない」

事実や真実という問題ではありません。あれだけの事故を起こし、直接的にも間接的にも何十万人にも及ぶ多くの人々の人生を狂わせた、電力事故の当事者に近い人間が、「誰も亡くなっていない(から、原発は大丈夫だ)」といった発言をする。それを聞いたときに、どれほどの悲しみや痛みや苦しみを感じる人がいるか、まったく予想がつかなかったのでしょうか。私には信じられませんでした。

同じセリフを南相馬や双葉町といった、原発事故に真に翻弄された地域の方々の前で、言えるものなら言ってみて欲しい。

彼の役職が課長なので、会社を代表した発言だとは思えませんが、あのような人を雇っている会社の感性や品性を疑われても仕方がありません。あれで中部電力や他の電力会社に対する多くの人の見方がネガティブに変わったことでしょう。

人を動かすのは頭ではないのです。ハートです。ハート、つまり人情の機微が分からない人は、決して良きリーダーにはなれないどころか、周りにいる人を不幸にするのです。

りません。

上に立つ者の資質が疑われる言動とは

地位の高い人間に対して、周囲の目はとくに厳しい。

人情オンチにならず、一流のリーダーになりたいのならば、肝に銘じておかなくてはなりません。

人は上に立つ者の一挙手一投足をよく見ているものです。例えば100人の部下を持つ上司から見たら、「自分1人」対「部下100人」が客観的な事実ですが、**部下一人ひとりからすれば、同僚が何人いようと、「自分1人」対「上司1人」なのです。**

だから、メンバーがリーダーを見る目は自ずと厳しくなる。

また電力会社の例で恐縮ですが、東京電力の前社長は、原発事故が起きた後、1カ月ほど経ってからはじめて福島県入りしました。県知事に会おうとしたら、追い返されて帰ってきた。被災地にも現場にも行かずに東京に戻り、記者団に詰め寄られたら「報告を受けています」とだけ答えました。

人がどんなときに苦しみ、どんなときに心を痛めるか、まったく分かっていない。そのうえ、そんな一挙手一投足を注目されている自覚すら抜け落ちている。残念を通り越して、無念のリーダーとしか言いようがありません。


こんなリーダーもいました。

2012年8月14日、大阪を前代未聞の豪雨が襲いました。公共交通機関は乱れ、府内の1人が死亡して、約2200棟が浸水する大変な豪雨だったので、覚えている人も多いはずです。その最中、まさに被災地である大阪府の知事はツイッターで、こんなことをつぶやいていました。

「世間は騒がしいようですが、ここは、本当に静かです。うまい酒と肴で充電中」

自らが首長を務めている府内の人々が、不安と恐怖にさらされている、そのタイミングで「酒を飲み、のんびりしてます」なんて書いたら、府民がどう思うか、という想像力が欠如している。リーダーの資質が疑われてしかるべきです。

それにしても「器が人をつくる」とか「地位が人を育てる」といいますが、それがまったくもって間違っていることが分かりますよね。

生き方や人生を勉強していない人には、「地位は人をつくる」などということはないのです。

あなたが組織の中で役職として人の上に立つ地位にあるとしたら、まず、**「自分は優れた人間でも素晴らしい人間でもない」と改めて自覚すべきです。** 周囲に自分がどんな目を向けられて、注目されているかを戒めながら、原理原則を違《たが》えず行動していく必要があるのです。

そのためには、先にも述べたように、古典を勉強するなどして、多くの人が昔から支持する正しい生き方や原理原則を学ばなければならないのです。そして、学んだことを毎日の生活の中で実践していかなければならないのです。

◆人情の機微を学ぶ術《すべ》は、実地しかない

人情オンチにならないためにはどうすればいいのでしょうか？

残念ながら、そこにアンチョコはありません。座学だけでも学べません。

松下幸之助さんも言っています。

「人情の機微を知るにはどうしたらいいか。それはやはり、いろいろな体験を通じて、多くの人びとと触れ合うことである」

つまり、直接、いろんな人と出会い、自分のことも含めて、喜怒哀楽に直接触れて苦労を積むしかないのです。

ただし、この時に「意識すること」が大事です。

「人はこのような時にどう感じるのか？」「悲しみを感じるのはどういう時なのか？」「人は人のどこを見て、何を感じるのか？」

人は興味のあることとしか目に入りません。例えば私は普段使っているJR四ツ谷駅の改札機が全部で10あることを知っています。出口の階段が全部で30段あって、19段目に踊り場があることも知っています。四ツ谷駅をもう何十年も利用されている方でも、知らないはずです。しかし、なぜ私は覚えているのか。電車や駅が好きだからです。

同様に、人の心の機微が分かるというのは、人が好きで、興味があるからかもしれません。「鶏が先か卵が先か」ではありませんが、優れたリーダーは部下のこと、メンバーのこと、組織のことを真剣に考えている人でもあるのです。

人を動かすには利他の心を持つこと

リーダーが「人を動かす」うえで大事なのは、志高い「ビジョン」と、「先義後利」などの原理原則や正しい考え方を実践しながら、部下やメンバーと普段からコミュニケーションをとることです。

「事業を通して社会に貢献したい」
「自分たちの仕事を通して世の中を良くしたい」
「一緒に働く仲間を幸せにしたい」

こうした思いを持って指示を出す。声をかける。

こうした利他の心を持つリーダーであることは、その日常の言動から、部下は敏感に察するものなのです。わざわざそれを誇示する必要もなく、むしろ、誇示するようでは本物ではありません。

自分が先頭に立って、リーダーとして良い仕事をしていくのです。

いろんなことを考えずに、リーダー自らが「良い仕事」に徹するのです。良い仕事とは、「お客様が喜んでくれること」、「周りの人が喜んでくれること」、そして「工夫をすること」だと私は考えています。

「事業を通して俺がキャリアアップし、とにかく良い家とベンツを買って子供を私立に入れたい。部下の人生なんて知ったことではない」

こういうリーダーに、人はついてきません。

「は？　なんでお前のベンツのために俺らがこき使われなきゃいけないんだよ」

「手を抜いてやろう」

「足を引っ張ってやれ」

と考えるのが、人情ではないでしょうか？　誰だって利用されるのはイヤです。

また、**多くの人は本心では社会を良くしたい、社会に貢献したいのです。それにより「使命感」が得られます。**

「人を動かすこと」が経営には大事ですが、本来は「人が動きたくなる」ようにすべきなのです。

良いチームを作りたいなら「良い人材」をバスに乗せよう

人の性格は、なかなか変わるものではありません。紙を1枚1枚重ねるように積み上げてきた経験を経て、育《はぐく》まれたものだからです。

だから私は「良いチームを作りたいなら、良い人材を選ぶべきだ」とよく言います。採用が大切なのです。後から変えられるものではなく、先天的なことを見るのです。性格は変えられない。だから、良いチームを作りたいなら、良い性格の人を採る必要があるのです。

「入れてから変えればいい」というのは間違いです。

スキルの部分は変えられる。ビジネスのフィールドでは、後の努力で補えるからです。

性格はなかなか変わりません。

では、良い性格を見極めるには？

採用のときに何を見極めればいいのか？

私の場合は、この3つです。

①素直か
②明るいか
③地頭《じあたま》が良いか

①は、他者の意見を取り入れられる柔軟性や、時代の変化に対応できるしなやかさに繋がります。

コレを見るためには、面接などのときに「やみくもな反発をしないか」を見てください。

「でも…」が口癖の人はNG。

少し議論になったときに、

「なるほど」

「はい」

から入るような人はOKです。

②は分かりますね。

心から笑顔が出せるか、屈託のなさがあるか、何でも前向きに興味を持っておもしろがれるか。少し話せばにじみ出てくるものです。

厳しいとき、辛いときに、明るさとユーモアは、強さに変わります。今のような閉塞感のある時代、重要な人材です。

リーダーには、とくに明るさが必要です。

③は、言ったことをすぐに理解できるかどうかを見てください。学歴は関係ありません。言ったことをきちんと理解できるか、自分のやるべきことが分かるかということです。初めて聞く話でも、自分の言葉で解釈して、要約したり例えられるような人は地頭が良いといえるでしょう。

こうした3つの条件にあった人材を、あなたの組織というバスに乗せてください。

スキル、ワザのようなものは、後から教えられますが、素直さや、明るさ、地頭の良さ

は、後からは変えられない。すでに持っているものが大事なのです。

曲がった枝を真っ直ぐに矯正するより、最初から真っ直ぐな枝を選んだほうがいい。

素直じゃない人に素直になる努力をさせるより、素直な人に素直に努力してもらうほうがいいに決まっていますよね。

◆40代、50代は素直だけでは不十分

①素直さ
②明るさ
③地頭の良さ

が良き組織をつくる人材の条件と言いましたが、これはあくまで、20代、30代についてのことです。

40歳以上の人は、この3つだけではいけません。

『論語』には、

「四十五十にして聞こゆることなきは、これ亦畏《またおそ》るるに足らざるのみなり」

という言葉があります。

40代を過ぎても、世間に知られない、一緒に働いている人から一目置かれないような人間は、畏れるには足らないものだ、ということ。

それくらいの年齢で、それなりに仕事をしてきたならば、業界内や同世代で「少しは知られた存在」になっていなくてはいけないということです。

本当に強いリーダーは強そうではない

リーダーが、自分の下にいるメンバーに対して抱かせるイメージとして、最も優れているものは何だと思いますか？

「怖い」

「強い」

「優しい」

「尊敬できる」

「頭がキレる」

納得できそうなイメージもありますが、残念ながらどれも不十分です。

最高のリーダーは「存在することさえ意識されない」リーダーなのです。

もちろん、ふざけて言っているわけではありません。

これは『老子』にある私の好きな言葉です。

「もっとも理想的な指導者は、部下から存在することさえ意識されない。部下から敬愛される指導者は、それよりも一段劣る。これよりさらに劣るのは、部下から恐れられる指導者。最低なのは、部下からバカにされる指導者だ」

（『新釈老子』守屋洋著）

一番に優れているのは先に述べた通り「存在することさえ意識されない」リーダーですね。これは何もしないということではなく、部下が自発的に動くようなビジョンや考え方を普段から伝えて徹底し、なおかつ仕事の仕組みを作っているということです。

人が最もモチベーションを上げるのは「働きがい」があるときです。働きがいとは、自分が誰かに頼られている、誰かの役に立っているという自己重要感が満たされるときに感じられるものです。

これを満たすためには「誰かにやらされている」ではなく、「自らやっている」という自律が大前提になります。「存在することが意識されないリーダー」は、「社長の俺がすごいからだ」

「私のリーダーシップが優れているからだ」

などとは決して言わないし、そんなポーズもとりません。社員やメンバーたちは「やらされ感」に苛《さいな》まれることなく、「私が会社の業績を上げている」と、自己重要感を感じながら仕事ができるわけです。

そして、働けば働くほどしっかりと自分たちの手柄だと認識できれば、会社の業績が上がれば上がるほど、メンバーそれぞれが「私のおかげだ！」と思うようになる。個々のメンバーの自家発電によって、組織は大きな力を出し続けるようになる、というわけです。

◆あなたが目立つのではなく、ビジョンを目立たせる

「存在を意識させないリーダー」の強みは「いなくなっても組織が回る」ことです。

カリスマ的な魅力を持ち、完全なるトップダウンで物事を決めていくような指導者の場合、メンバーたちは指示に従いやすいため、上司の言っていることを実行していれば組織が成功する可能性は極めて高い。

ただし、あまりにカリスマ的なトップが率いる組織は、そのカリスマがいなくなった瞬間に、方向舵をなくした飛行機のようにふらふらと墜《お》ちていく危険性もまた極めて高くな

ります。トップのカリスマ性こそが、組織の拠り所で、強みだったわけですから、当然ですよね。

ところが、そもそも「存在を意識させないリーダー」が率いていれば、トップがいなくなろうが、また別のトップが現れようが、優れたメンバーによって、仕事は回されていきます。そもそも組織を突き動かしているのは、ビジョンや原理原則や個々のメンバーの「良い仕事」だからです。

これこそ「部下から敬愛される指導者」が、老子に「一段劣った、2番めに良いリーダー」とされた理由です。「存在を意識させないリーダー」がいる組織は、トップが替わっても長く続くのです。**「考え方」が求心力になっているからです。**

そして、考え方とともに、**仕組みが出来上がっていることも大切です。**

三菱商事や三井物産の社長の名前を、社員以外の方がスラッと言えますか？

一般の方には、顔も名前も知らない方が多いのではないでしょうか。しかし高い収益を上げています。それは、もちろん、優れたリーダーや優れた人材がいることは間違いありませんが、考え方（イズム）が浸透しており、仕組みができているからなのです。

3番めの「恐れられているリーダー」が、さらに下なのも同様です。**恐怖で動かされる組織は、恐怖がなくなった瞬間に前進をやめます。**ムチを打たないと走らない馬は、ムチなしでは走らなくなるからです。優れた成果を長く出せるはずがありません。

4番めの「バカにされるリーダー」については、説明不要ですよね。

最強の組織をつくりあげたければ、リーダーとなるあなたが求心力となるのではなく、正しい考え方やビジョン、理念を求心力にするのです。

先に話したように、最強の組織は宗教団体です。自分が「カリスマ」になろうとしてはいけません。恐れられたらもっとダメ。バカにされるようでは仕方ありませんね。

自分が目立つのではなく、ビジョンや原理原則を求心力にする。リーダー自身はその「宣教師」となる。

そんなリーダーが理想なのです。

5章　「甘い上司」を卒業する

「和気あいあい」はなぜいけないのか

リーダーとメンバーとの「良い関係」とはどんな状態だと思いますか？


「和気あいあい」？

「愉快に楽しく」？

「友達のような」？

「フラットな関係」？


ごめんなさい。それ、すべて十分ではありませんね。

しつこいようですが、ビジョンを実現させることが、会社などの組織の目的ですよね。

和気あいあいでは、残念ながら結果は出ません。

友達のようなフラットな関係が、厳しい経営環境の中で、業績を上げる力になるでしょうか？

ビジネス、経営というのは、そんなに甘い世界ではありません。

和気あいあいで楽しいフラットな組織。一見良さそうに聞こえますが、そんなふうに組織をつくり上げると、そのチームの成長は必ず鈍化します。なぜか？

和気あいあいのムードを維持しようとするためには、「組織の中で最もスピードの遅い人、レベルの低い人」にペースを合わせる必要があるからです。

もちろん、家族や友達や地域のコミュニティならそれでいいのです。子供やお年寄りや身体の不自由な人に合わせていくことが不可欠で、ユニバーサルなインフラや考え方が、深く浸透してしかるべきです。

しかし、私はビジネスの話をしています。業種や規模の大小を問わず競争が激しく、IT化が世の中を急速に変えたいま、すべてのビジネスの現場では、スピードとイノベーションが必要とされています。

和気あいあいの組織を目指すリーダーは、自分自身が弱い場合が少なくありません。自分が置いてきぼりにされないために、組織を和気あいあいとして、自分を守りたいのです。それではもっともパフォーマンスの出ない組織になります。

組織のメンバーそれぞれが、自分が出せる限りの高いパフォーマンスを発揮しなければ、到底、勝ち抜いていくことはできないのです。

◆仲良し組織は、内部志向になる

また、和気あいあいの組織には、致命的な弱点があります。

お客様第一ではなく、「社内優先」の思考グセがついてしまうことです。何せ和気あいあいの楽しい雰囲気を作ることこそが大事になるから、メンバーは和気あいあいを壊すことをしづらくなります。

例えば、自分のスキルアップを考えて、退社後に勉強をしようと学校に通うことを考えたメンバーがいたとします。しかし、上司や同僚から「飲みに行こう!」と声がかかる。優先順位のトップが「和気あいあい」ですから、飲み会を断らないほうが「良いメンバー」になってしまうわけです。

場合によっては、「飲み会があるから、お客様への対応は適当に終わらせて、仕事を早く切り上げよう」などと考える人まで現れてしまう。

こうしたムードが風土となると、クレームなどが入った場合に、こんな思考になってしまいます。

「これを伝えると社内の雰囲気が悪くなるから黙っておこう」

「Aさんが部長に叱られるし、報告した私が恨まれるから、言わないでおこう」

そしてクレームやミスをなかったことにしてしまう。

和気あいあいは行き過ぎると、コンプライアンス（法令遵守）違反や、犯罪をも黙秘する組織をつくってしまうのです。

それは、組織としては致命的です。結果として、メンバー全員が犯罪の片棒をかつぐことになり、不幸になる。組織を壊滅させてしまうことにもなりかねません。

私はお互いが足を引っ張り合うのが良いと言っているのではありません。これは最悪です。

リーダーとメンバーとの「良い関係」とはどんな状態かといえば、「切磋琢磨《せっさたくま》」の関係です。

切磋琢磨の関係をつくる

「和気あいあい」を良しとするリーダーは、たいてい実力がありません。

みんなが必死で働く雰囲気だと、自分が無能なのがバレてしまう。

リーダーの地位を、優秀な部下に脅かされたくない。

「和気あいあい」にしていれば、仕事ができないからといって、バカにされずにすむ。

マラソン大会などで全力で走ってビリになるのがいやだから「皆ゆっくり仲良く走ろうよ、競争なんてしないで、周りの景色を楽しみながら」と、自分から周囲に持ちかける心理状態が隠れているのです。

もちろん、メンバー同士が協力し合うのは、大いに結構です。

しかし、「和気あいあい」ではダメなのです。もちろんしんどい時には助け合わなければなりませんが、**「切磋琢磨」が正しい社風です。**

「彼ががんばっている。自分もがんばろう！」

と、互いのがんばりに刺激される組織。スピードの遅い人間に合わせるのではなく、スピードの速い人間に皆が追いつこうとする組織です。

リーダーからの視点でいえば、

「A君もがんばっているから、同じぐらいにB君にもがんばってもらおう！」

と、きちんと考えられるのが良いリーダー。

そして、当然のごとく、

「AもBもがんばっているんだから、自分はもっとがんばろう！」

と、自らを鼓舞できているリーダーこそ良いリーダーで、強い組織の条件になるのです。

「切磋琢磨」を奨励するためには、今一度、

「掲げたビジョンを実現させることが組織の第一目的であり、その根本は『お客様第一』だ」

という原理原則をしつこいほど言い続け、自分が先頭に立って実践していくことです。

そうなれば、メンバー同士が内向きに互いの顔色を窺《うかが》っているヒマなんてありません。

考えるべきはビジョンや理念であり、お客様のことであるのです。その方向へ導くのがリーダーの仕事です。

「叱れない」は、上司としての仕事を放棄している

「今の若者は怒鳴ると、すぐ辞めるからな…」

たまに、こんな声を聞くことがあります。叱れない上司が増えているというのです。そういう方に、私は必ず言っています。

「そんな部下なら、辞めてくれれば有難いじゃないですか」と。

リーダーの役割は組織の向かうべき方向を示し、それに向かって全員が同じ方向に向かって走るようにすることです。それはビジョンを具現化するためであって、メンバーを幸せにするためでもあります。

しかし、**叱れない上司は、時にメンバーを不幸にしてしまいます。甘いことを言っていては、皆を不幸にするのです。**「甘さ」と「やさしさ」とは違うのです。

例えば、怠惰なメンバーやミスを繰り返す部下がいたとします。「叱ったらすぐ辞めるから…」などと放っておいたら、彼は重大なミスを犯して、お客様や他のメンバーに多大な迷惑をかけるかもしれない。場合によっては誰かの命に関わるような大きな事故のきっ

かけをつくるかもしれない。ミスや失敗は、人を責めるためにではなくて、仕事の質を上げるために是正するものなのです。

良い仕事をし、お客様に喜んでもらい、ひいては社会に貢献することが企業の使命なのです。そのためには、リーダーは、部下に言わなければならないことは言わなければならないのです。メンバーの顔色を窺って、その大事な仕事をリーダーが疎《おろそ》かにしてどうするのですか？

軍隊を考えてみれば分かると思います。

何日も行軍を続けて、リーダーであるあなたが率いた部隊は疲れきって瀕死の状態です。しかし、眼前に敵が迫ってきている。このままでは全滅してしまう。「何やっているんだ、立て！ バカヤロウ、走れ！」などと言ったら、メンバーに嫌われてしまう……なんて、考えている場合ですか？ 甘いことを言っていたら、全滅する。

戦争とビジネスは違いますが、真剣勝負のチームワークであることは変わりません。リーダーは、良い仕事をすることによって、チームを守り、勝たせていかなければなりません。嫌われても、這《は》わせてでも職務を果たすべきです。

だからリーダーは組織に波風が立つことを恐れてはいけません。むしろ、時にはあえて波風を立てるべきです。

とくに、組織が内部志向になっているときなどは、波風を立てないといけないのです。一人ひとりを活かすために、必要とあらばどんどん叱って然るべきです。

◆「叱ったら来なくなった」ならラッキー

「けれど小宮さん、叱った結果、会社に来なくなる社員っているんですよ。管理責任を問われちゃいますよ…」

いやいや、それはラッキーですよ。

あなたが課長や部長だとして、「怒鳴ったら部下が来なくなったら、自分の評価が下がる」と思っているのかもしれません。しかし、冷静に考えてください。

叱る、ということは、仕事においての重大なミスや問題が再度発生しないための処置です。それはリーダーの職務でもある。それを放棄せず、全《まっと》うしたのだとしたら、それに反発して来なくなった部下こそが、「評価を下げる対象」であるはずじゃないですか？

なぜ、自分の評価が下がると焦るのですか？

組織全体を良くし、働く仲間を幸せにしようとする信念があれば、どうして悩むのでしようか？

やるべきことができない部下は、試合場から去ってもらえばよいのです。別の活躍の場所を探してもらうほうが健全です。


叱るという行為がリーダーとして正しい選択であったなら、信念を持って、

「このように叱ったら彼は来なくなりました。辞めてくれたので、その分、皆のボーナスを上げましょう」

くらい、上長に言える自信を持ってください。


裏返すと、それくらいの自信がないならリーダーの資格はありません。

まして、正当な理由と信念に基づいて部下を叱っているあなたに、

「部下をやる気にさせるには、叱ってはダメだよ。ほめて伸ばさなきゃ。叱られると誰だってやる気をなくすからね。やる気を持たせるような上司になってもらわなきゃ」

などと偉そうに分かったふうなことを言ってくる上長がいたとしたら、その上長こそ「和気あいあい」の元凶です。

こういう人物がトップだとすると、残念ながらその組織は、私が言うところのダメな組織です。「やる気のある人がアホらしくなる」のがその特徴です。

叱るべきときに叱らないことが、どれほど組織に悪影響を与えているか分かろうとしない。本気で仕事をしているからこそ部下を叱る管理職に「叱るのはよろしくない。俺なら叱らずにうまくやる気にさせられる」と言うことで、優越感に浸ろうとしている。波風をとにかく嫌い、イエスマンばかりで周りを固めようとする、お話にならないレベルです。

もちろん、ダメ上司に「和気あいあいがいかにダメか」を説得する必要などありません。先述のように、人間はなかなか変われませんから。

もしもあなたが今、そういう残念な職場にいるなら長居は無用、さっさと「切磋琢磨」できる環境に移ることを考えたほうが良いかもしれませんね。組織はリーダー以上の器には決してなれません。やる気ある人がダメ組織にとどまるのは、社会の、日本の損失です。

もちろん、自分に実力があることが大前提ですが……。

叱ることが必要とはいえ、叱り方がヘタなリーダーもいます。コツを書きましょう。

①感情論ではなく事実で叱る

「お前の仕事が遅いのは、やる気がないからだ！」などと感情だけの叱り方は、人格を否定された印象になり、反発されます。例えば、連絡がとれなくなった。その結果、納期に遅れたのではないかな？」

「あの時のあのメール対応の文言がまずかった。だから先方を怒らせてしまい、連絡がとれなくなった。その結果、納期に遅れたのではないかな？」

と、事実を確認しながら、問題に気づかせるのがポイントです。

②必ずフォローを入れる

いくら事実でも、叱られれば心は沈むものです。

なので、その後、挽回したら「しっかりホメる」。

怒ったあとは「でもキミなら大丈夫だろう」などと期待の言葉も入れるなど、フォローを忘れずに入れることも必要です。松下幸之助さんは、部下が気絶するほど激しく叱ったそうですが、その後部下の家に密かに電話し、

「今日は旦那さんがしょげて帰ってくるだろうから、お銚子の2本もつけてあげなさい」

と、奥さんに伝えたそうです。人情の機微が分かるリーダーはフォローもうまいのです。

いずれにしても信賞必罰が原則ですが、そのためには部下の性格や言動を日々、しっかりと見ていなければいけません。その上で、心からほめ、心から叱ることです。

年上の部下、うつ病の部下にも厳しくあたるべき？

「年上の部下にはどうにも叱りにくくて…」？

それはやさしい上司でもなんでもなく、甘い上司でしかないですね。

もしかして「自分はリーダーだから偉いのだ」という浅はかな勘違いをしているということはないと思いますが、

「どうしても偉そうになってしまうから反発されそうで、年上の部下には叱れない」という気持ちがあるなら要注意です。

組織をマネジメントするリーダーは、自分の部下、メンバーをしっかりと活かし、動かす必要があります。

しかし、そのときの求心力、権力の拠り所となるのは「自分は偉いから言うことを聞け！」ではないのです。地位というのは「役割」にしか過ぎません。別にその人の人間性を評価しているわけではないのです。

「皆で共有しているビジョンを実現するために、言うことを聞いてくれ！」

なのです。組織の求心力を「ビジョン」や「正しい考え方」にして、それに違う行為や考え方には厳しく対応しなければなりません。

年齢もキャリアもそこに入る余地はありません。ただし、年上の人には話し方など礼を失することは厳禁です。上司というのは「役割」であって「特権」ではないのです。

礼を失すると、

「なんで俺がお前に命令されなきゃいけないんだ！」

と無用に反発されてしまうこともあるのです。

◆「うつ」と「怠慢」の見分け方

部下の事情や家庭の状況も当然、同じではありません。

「実はうつ病に悩んでいる」

「子供が難病を患っている」

「親の介護で仕事に専念できない」

……など、いろんな事情を抱えて、仕事のパフォーマンスが下がっている人はたくさんいます。

リーダーは、こうした部下の状況をしっかりと受けとめ、フォローする必要があります。仲間が悩んでいるときこそ手を差し伸べて協力し合うのです。

もちろん、そのためには普段から、部下のことをしっかりと見ていなければなりません。

「いつもと顔色が違う」

「仕事の取り組み方が変わった」

「朝来るのが遅くなった」

など、直接、助けを求めてこなくても、何かしらのメッセージは発せられているものです。そんなときこそ、リーダーから声をかけましょう。また「何か問題を抱えていたら言ってくれ」というメッセージを、他のメンバーにも常にかけておくことが大切です。

そのためには、普段から挨拶やちょっとした会話などをするようにしておくことが必要です。**部下の「心理的ハードル」を下げておくのです。**

こうした事情を抱えた部下をしっかりフォローする一方で、単なる「怠慢者」は厳しく糾弾するのもリーダーの務めです。

なぜか？

「一生懸命がんばっている人が、アホらしくなる」

――先述のように、これが、最もダメな組織だからです。

「うつで悩んでいる仲間をフォローしてくれている」

そんな姿を見たメンバーは、組織への帰属心を高め、やる気を高めます。しかし、病気でもなく、家庭に事情もなく、単に「サボっている」人間を高く評価したり、保護していたらどうなるか？

真面目にがんばっている人ほど、「やってられない！」と思いますよね。

「弱者にはしっかりフォロー。怠慢者には去ってもらう」

このスタンスを、リーダーは組織のメンバーに普段からしっかりと伝えておく必要があります。部下は敏感ですから、普段の上司の態度からそれを読み取っているはずです。

怠慢者には、「組織にとって迷惑な存在だ」ということを、事あることにはっきりと伝えるべきです。

もちろん、再チャレンジのチャンスは与えるべきですが、それでも変われないのなら最後通告をどこかで出す必要があるでしょう。

うつ病と怠慢の線引きは難しいところがあるので、産業医や専門家に任せたほうが良いでしょう。素人《しろうと》判断は禁物です。

たいしたこともないように見えたから「甘えるな」と叱咤《しった》したら病状が悪化した、という事態は避けなくてはいけません。

その前提の上でですが、ひとつ指標となる見分け方はこれです。

うつ病の人はもともと「自分に厳しい」人が多いが、怠慢者は「自分に甘い」。うつ病になる人は、それまでの勤務態度が真面目な人が多いものです。やはり、普段から部下の状況をよく見ておく必要があるということですね――いかがでしょうか。

ところで、「問題はリーダーなのに怠慢な人」が結構いることです。

もし、あなたの上長が自分に甘い怠慢な人なら、問題は複雑です。しかし、自分がしっかりしていれば、その上司のさらに上の上司はしっかりと見ているものです。

いずれにしても、自分に十分な実力があれば、転職もできます。変えられないものを変えようとするより、自分を高める努力をすることに集中することです。

もし、あなた自身が、自分に甘い怠慢な人なら、少しずつでもいいですから、生活習慣を改めることです。

小さな目標を立てて、それをクリアしていく努力を積み重ねることです。

大きなことはいっぺんに変わらなくても、小さなことなら変えやすいからです。

自分の弱点を知って、それを克服しながら、長所をさらに伸ばす努力をすることが大切ですね。

6章　成功し続ける上司の「9つの特徴」

①せっかちである

最終章は、成功し続ける上司の「9つの特徴」として、私が経営コンサルティングなどを通して、実際に感じた成功しているリーダーたちに共通する特徴を掲げていきます。

なぜ、そうなのか？
どうすれば、そうなれるのか？

この2つをポイントに、あなた自身と照らし合わせ、また足りなければ、ぜひとも普段から少し気にしてみてください。

1つめは、「せっかちである」ことです。

メンバーがいいアイデアを出してきたら「早速やってみよう！」と採用する。

翌日には「あれ、どうなった？」と進捗具合を聞いてくる。

聞くやいなや「あの部署のC君が詳しそうだから、ちょっと聞いてみようか」と目の前で電話をかけ始めてしまう――。

ある意味、せわしないほどで、時に周囲にとっては迷惑にさえ思われそうです。


しかし、これは**「今できること、すべきことを明日に延ばさない」**という習慣があるということ。「実行力」があるともいえます。

そして、実行するためには、いうまでもなく判断、決断がいる。

これらが素早いのは、「ビジョン」が明確で、原理原則が信念にまでなっているからといえるのではないでしょうか。

②人をほめるのがうまい

2つめは「人をほめるのが上手」ということです。

ポイントは、「心からほめる」。

一流のリーダーは、ほめるときこそ素晴らしい能力を発揮します。

例えばチームのメンバーのちょっとした変化に気づきます。

「今日は電話の声がはっきりしていて素敵だね」

と、電話口で笑顔で伝え、

「この企画にはキミのやる気がみなぎっているようだな」

と、企画書をほめる。

中には、

「有難うございます。こんなにキレイにしてあると、今日もまたがんばろうという気になれますよ」

などと、駅のトイレを掃除しているおばさんにまで声をかけ、ほめている社長の方がいらっしゃいました。

人は自己重要感が満たされたときに最も働きがいを感じ、力を発揮します。がんばった分だけ評価されると信じられるからこそ、ポテンシャルを最大限に発揮するのです。

こうした人情の機微をよく理解し、気持ちよく周囲の人を乗せられるからこそ優れたリーダーたりうるのでしょう。

ただし、注意しなければならないのは「ほめる」と「おだてる」は違うということです。ほめるべきは、本当に優れているところです。**たいしたこともないことを「すごい」と言うと、言われたほうは、仕事をバカにするか、上司を甘く見ます。**

あくまでも、素晴らしいことをほめるのです。

もうひとついえるのは、ほめ上手は「人の良い所を見つけるのがうまい人」だということでしょう。

メンバーの良いところを活かしたほうが、チームとしてのパフォーマンスが上がることは言うまでもありません。リーダーがメンバーを見て、それぞれの良いところ、得意なと

ころを見つけてそれを活かすことができれば、個々はなお、

「その得意分野をがんばろう！」

と燃えるし、チーム全体のパフォーマンスが上がることは当然です。

長所に焦点を当てれば、得意なことにそれぞれが専念できるようになり、組織全体が最大限のパフォーマンスを出しやすくなるのです。


リーダーとして、それぞれのメンバーの長所ばかりを活かせるか、凡庸なところばかりを使うかでは、チーム全体のパフォーマンスが違うのは当然です。

そのためにも、メンバーの良い所を見つけ、それを心からほめられることが必要なのです。

③他人のことでも自分のことのように考えられる

日本における経営コンサルタントの草分けで、私たちの大先輩である一倉定さんはこんな言葉を残しています。

「電信柱が高いのも、郵便ポストが赤いのも、すべて自分のせいだと思え」

これは、世の中のできごと、それが他人事であろうが、関係ないことであろうが、「すべて自分のことだと思えるほどの度量と感性を持て」ということです。

例えば、2章で、

「優れたリーダーになるには、世の中の流れをつかむため、新聞を1面から読むべきで、自分の関心事を世間の関心事に近づける努力をする必要がある」

と述べました。

このときに、ただ文字を追って読むだけでは、得るものは少ないでしょう。

しかし、経済面のみならず、政治や社会面を読みながらも、

「自分が当事者だったらどうするか」

「こういう事態に陥ったらどうするか」

などと常に自分に置き換えて考えられる人は、得られる情報の質と深さが違います。

すべてを自分の事業にプラスにしてやろう、というくらいの気概も感じられる。

「他人事」を「自分事」にできる人は、知識を知恵にする能力が磨かれるというわけです。

また1章で、

「お客様第一の徹底が、成功する企業の条件だ」

と書きましたが、これも「お客様はどう思うか」といった想像力がなければ成し得ないことですね。

それとともに、自分の周りで起こっていることについて責任をとる覚悟や度量も必要です。「電信柱が高い」ことにまで責任を持つのは難しいとしても、自分の組織で起こったことについて責任をとる覚悟がなければ部下は思い切って仕事はできませんし、ついてきません。

関連して、4つめの条件もお伝えしましょう。

④うまくいったときには窓の外を見、失敗したときには鏡を見る

これはすでにお伝えした通りですね。逆をしたら、メンバーはどのように思うでしょう？

うまくいったときはリーダーである「自分の手柄だ」と言って、失敗したときは「部下が無能だから」と人のせいにする。それで人がついてくるはずがない。逆をすればいいのです。

成功する人は、皆と言ってよいほど、

「自分は運が良い」

と言いますが、世間や周りの人のおかげと考えているのです。

そして、失敗したときには自分のどこが足りないかを反省する。

しつこいようですが、そうなって初めてリーダーとして成功するのです。

⑤素直である

これも前の章まででお伝えした真理ですね。

優れたリーダーというのは、一人で一万人分の能力を持っている人ではありません。**万人の能力を集められる人**です。

そのためには、周囲のアドバイスや、時に反論であっても素直に聞き入れる度量がなければなりません。**素直に聞き入れてくれるから、周囲も手伝いたくなる。**

例えば、松下幸之助さんは、新入社員の話を聞いたあとに、

「いい話を聞かせてくれて、有難う」

と言っていたそうです。「イトーヨーカ堂」の創業者である伊藤雅俊さんも、誰の話でも必ずメモしていたそうです。

人の話を聞く、メモをとるには素直さ謙虚さが必要です。中途半端な人間ほど、態度が大きく、素直さ謙虚さがないものです。だから、いつまで経っても、自分が大きくならないのです。

⑥大胆だが大雑把ではない

一見、矛盾するようですが、大胆と大雑把は全く違うものです。

まず大胆というのは「大きな決断を躊躇なくできる」ということ。

世の中のルールや企業の栄枯盛衰が激しい今のような時代は、驚くような大胆な変化を迫られることがあります。こうした思い切った決断ができるリーダーは、時代に翻弄されず、生き残れる組織をつくる力がある。

一方で「細かいところにも気がつく」繊細さがあるからこそ、大胆な変化ができたともいえます。お客様の細かな動向や機器の性能の向上の速さなどまで考え合わせて、緻密な算段を重ねた結果の大胆な戦略変更だったのです。

一見、**大きなリスクをとるような大胆なことができる人は、小さなリスクを日々とり、決断と検証を繰り返しているのです。**

大雑把に適当に、

「大博打《ばくち》だ！」

とすぐに社運をかけてしまうようなリーダーで、成功が長続きした人は実に少ないのです。

大胆と大雑把は、まったく違うものです。成功する人は、大胆なところもありますが、細かいところにも気配りのきく人なのです。

⑦心身の健康をマネジメントしている

優れた精神は健全な肉体の上に宿ります。

良い仕事をしようとしたら、よくメンテナンスされた精神と肉体が不可欠というわけです。

例えば前出の大胆な決断、リスクの高い判断をするのに、何だか調子が悪い、体調が優れない、集中できない…などという状態でできるでしょうか？

一流のリーダーは、不摂生などせず、酒もそこそこ、遊びも楽しみますが、それに溺れることはありません。

仕事のときに全力を出せるように、日々、体を鍛えたり、睡眠をしっかりとったりと、健康維持にかなり気を遣い、実践しているものです。

ちなみに私は、飲み会や会食にはよく参加しますが、2次会は出ません。1次会で十分親睦は深められるし、2次会、3次会と深酒しては、時間ももったいないし、翌日からのパフォーマンスが下がるからです。

⑧自分は運が良いと思っている

これは④の「うまくいったときは窓の外を見て、失敗したら鏡を見る」に通じることだと思います。

成功し続けるリーダーは、自分の力に驕《おご》っていません。**強い人は謙虚です。**

同時に、うまくいったのは自分の実力のおかげだと考えると危険だという意識も働いているのだと思います。

「自分の実力で常に成果が上がり続けている。やることなすこと何でもうまくいく。すべて自分の実力だ」

と思う人に限って、万が一、環境が変化して業績が下がった時に、自分のせいではなく、

「世の中がおかしい！」

「客がバカだ」

といった考えになってしまいがちです。

それは現実から目を背《そむ》けることでしかない。それでは環境の変化に対応できずに淘汰されてしまうからです。

いつも謙虚にいることです。

そして、運を良くするためには、運の良い人たちとつき合うことです。

そして、運の良い人たちは総じて素直で謙虚です。

⑨未来は良くなると信じている

他人は自分の鏡です。

前向きな人のところには、前向きな人間がなぜか集まってきます。

今の世の中、未来に対して暗い見方がはびこっています。

しかし、そんなときでも、**自分や周囲を信じて、「未来は今より必ず良くなる」と信じているポジティブさを持っている。**

成功し続けているリーダーの最後の条件がこれです。松下幸之助さんも、社会は**「生成発展」**するのが自然の理法だとおっしゃっています。

私も未来を信じています。未来を信じることのできる人は自分を信じることのできる人です。

あなたにも未来を信じて欲しい。

そのためには、自分を信じることが必要です。

そして、未来をつくるのは他の誰でもない、私たち自身だという気持ちを持つことが大切なのです。

おわりに

この本では、ビジョンや理念、正しい考え方の大切さをお伝えし、それをリーダーが信念として持って実践していくことの大切さを説明してきました。

そして、ビジネスリーダーはそれらを土台にして、商品やサービスに落とし込み、また、その商品やサービス、あるいは戦略を社会の環境に応じて変えていくことで、社会に貢献していくことが大切だということをご理解いただけたと思います。

その際に、変えていくものと、変えてはいけないものをきちんと区別することが大切だということもお分かりいただけたのではないかと思います。

私は「指揮官先頭」という言葉が好きです。「率先垂範」と同じ意味ですが、戦前、海軍のエリートを養成した海軍兵学校で厳しく教えられたことです。

指揮官たるべき者、常に先頭に立って行動するということです。軍隊ですから、先頭に立って行動するということは、場合によっては自分の死に直結するわけですが、その気概があってこそ、部下はついてくるのだと思います。人を動かすのは、理屈ではなく、覚悟なのです。

この言葉と関連して、私は山本五十六《いそろく》長官のことをよく思い浮かべます。太平洋戦争開戦時の連合艦隊司令長官です。開戦論に大勢が傾く中でも、冷静に日米の戦力を分析し、講和を説きますが、それが聞き入れられず、開戦の実戦部隊の最高責任者となるや、初戦で大勝利を収めることで、早期の講和を有利に導こうとします。

しかし、なかなかそれもうまくいかない中、戦局がどんどん厳しくなり、日本の劣勢が動かし難くなります。その状況で、山本長官は危険を承知で最前線を視察し、その途中に敵機に襲われ戦死するのです。「自分の顔を見せることで、喜んでもらえるから」ということで最前線の視察を行ったということです。

山本五十六の有名な言葉に、

「やってみせて、言って聞かせて、やらせてみて、ほめてやらねば人は動かじ。

話し合い、耳を傾け、承認し、任せてやらねば、人は育たず。
やっている、姿を感謝で見守って、信頼せねば、人は実らず」

というものがあります。

やはり、まず「やってみせ」ること、指揮官先頭で行動することです。そして、本書でも述べたように、その行動の中に、自分の考え方をしっかりと示すということが大切なのです。

もうひとつ「話し合い」ということも大切です。松下幸之助さんがよく言われる「衆知を集める」ということにもつながります。素直で謙虚な気持ちがあれば、人の意見を聞き、その知恵を活かすことができるのです。

そして、任せる。このときも、任せっぱなしにするのではなく、しかし、細かいことまで指図するのでもなく、大きな方針に反していないかを見守りながら、細かいことは部下の判断にゆだねるということなのだと私は解釈しています。

最後に、任せた人を「信頼する」ことも必要です。この信頼のベースとなるのが、共通した価値観です。本書でビジョンや理念、正しい考え方の大切さを学ばれた皆さんが、それを部下に伝え、指揮官先頭でそれを実践し、また、部下に徹底させる。そこから、信頼が生まれるのだと私は考えています。

本書が、リーダーとしての皆さんの成功につながり、皆さんの会社が繁栄し、それがひいてはこの国・日本の豊かさにつながれば、経営コンサルタントとしてこれ以上の喜びはありません。

本書作成にあたり、これまでの本同様、青春出版社の村松基宏さんには大変お世話になりました。彼なしではこの本はここまで仕上がらなかったと思います。この場を借りて心からお礼申し上げます。

皆さんのリーダーとしての成功を祈念して

二〇一三年 冬

小宮一慶

青春新書 PLAYBOOKS

人生を自由自在に活動《プレイ》する

人生の活動源として

いま要求される新しい気運は、最も現実的な生々しい時代に吐息する大衆の活力と活動源である。

文明はすべてを合理化し、自主的精神はますます衰退に瀕し、自由は奪われようとしている今日、プレイブックスに課せられた役割と必要は広く新鮮な願いとなろう。

いわゆる知識人にもとめる書物は数多く窺うまでもない。

本刊行は、在来の観念類型を打破し、謂わば現代生活の機能に即する潤滑油として、逞しい生命を吹込もうとするものである。

われわれの現状は、埃りと騒音に紛れ、雑踏に苛まれ、あくせく追われる仕事に、日々の不安は健全な精神生活を妨げる圧迫感となり、まさに現実はストレス症状を呈している。

プレイブックスは、それらすべてのうっ積を吹きとばし、自由闊達な活動力を培養し、勇気と自信を生みだす最も楽しいシリーズたらんことを、われわれは鋭意貫かんとするものである。

―創始者のことば― 小澤和一

著者紹介

小宮一慶〈こみや かずよし〉

経営コンサルタント。株式会社小宮コンサルタンツ代表。十数社の非常勤取締役や監査役も務める。

1957年、大阪府堺市生まれ。京都大学法学部卒業後、東京銀行（現・三菱東京UFJ銀行）入行。米国ダートマス大学経営大学院に留学、MBA取得。帰国後、同行で経営戦略情報システムやM&Aに携わった後、岡本アソシエイツ取締役、日本福祉サービス（現セントケア）企画部長を経て、96年に小宮コンサルタンツを設立。

2005年から09年3月まで明治大学会計大学院特任教授。2012年より名古屋大学経済学部非常勤講師に就任。

おもな著書に『ビジネスマンのための「実行力」養成講座』（ディスカヴァー携書）、『「1秒!」で財務諸表を読む方法』（東洋経済新報社）、『報われない人の9つの習慣』（青春出版社）などがある。

ブレない上司《リーダー》になる
たった１つの習慣《しゅうかん》

青春新書 PLAYBOOKS

2013年２月15日　第１刷

著　者　小《こ》宮《みや》一《かず》慶《よし》

発行者　小澤源太郎

責任編集　株式会社プライム涌光

電話　編集部　03（3203）2850

発行所　東京都新宿区若松町12番1号 〒162-0056　株式会社青春出版社

電話　営業部　03（3207）1916　振替番号　00190-7-98602

印刷・図書印刷　製本・フォーネット社

ISBN978-4-413-01955-2

青春新書 PLAYBOOKS

小宮一慶の本

報われない人の9つの習慣

第1講　「性格」について
第2講　「時間」について
第3講　「原理・原則」について
第4講　「収入・お金」について
第5講　「勉強」について
第6講　「目標」について
第7講　「リスク」について
第8講　「働き方」について
第9講　「リーダーシップ・人脈」について

頑張っているのに、何が、どう間違っているのか
……最短で成果を出す力をつける考え方、方法を説明

ISBN978-4-413-01934-7　本体952円

お願い　ページわりの関係からここでは一部の既刊本しか掲載してありません。折り込みの出版案内もご参考にご覧ください。

※上記は本体価格です。（消費税が別途加算されます）
※書名コード（ISBN）は、書店へのご注文にご利用ください。書店にない場合、電話または Fax（書名・冊数・氏名・住所・電話番号を明記）でもご注文いただけます（代金引替宅急便）。商品到着時に定価＋手数料をお支払いください。
〔直販係　電話03-3203-5121　Fax03-3207-0982〕
※青春出版社のホームページでも、オンラインで書籍をお買い求めいただけます。ぜひご利用ください。〔http://www.seishun.co.jp/〕